Um agradecimento, que se vai tornando usual, ao meu filho, pela continuidade do seu apoio incondicional na preparação dos meus livros.

PORTUGAL

PIG-COUNTRY

JOSÉ MARTINS GAGO

POR QUE SOMOS

UM

PIG-COUNTRY

Índice

PREÂMBULO

Quando alguém decide escrever um livro de intervenção sobre determinado facto, ou realidade, penso que o fará por uma de duas razões:

a) – Ou observa que algo está errado e sente que tem capacidade para alterar a trajectória do motivo da sua observação, ou seja, que não tem dúvidas de que pode fazer melhor, ou

b) – Se sente revoltado pelo modo como outros influenciam negativamente a sua vida e a de muitas outras pessoas que são obrigadas a viver sob condições injustificáveis e, neste caso, não é a capacidade que fala, mas sim, como disse, a revolta que se lhe instala no coração.

É sob esta segunda óptica que me proponho escrever. Sou economista mas não vou escrever um livro para a Academia, nem tampouco um livro que me faça parecer melhor do que os outros colegas. Nada disso, não estou, minimamente, direccionado para esse objectivo. Vou apenas dar a minha opinião, livre de qualquer pressão profissional, institucional ou outra. Fala, portanto, a minha liberdade.

13

A Política influencia a vida de todos nós. As boas políticas influenciam-na no bom sentido e, quando assim é, nós, povo, trabalhamos fazendo a nossa parte, que deve, sempre, ir no sentido do bem da Comunidade.

Os políticos, que na sua acção, contribuem para este estado da governação, mais não fazem, também, que o seu dever. É para isso que, em Democracia, recebem de nós, esse mandato. Se, quando a situação política está bem, ou razoável, nos calamos, já o mesmo não pode acontecer quando essa mesma situação, mercê da sua acção, fica mal.

Aí, nós cidadãos, atingidos pela má governação, não podemos ficar mudos mas, ao invés, criticar o trabalho mal feito. Esta razão, advêmnos do sofrimento que, por vezes, é enorme e nos atinge como resultado da aplicação das suas escolhas.

Tenho consciência de que sempre será mais fácil criticar do que fazer e, de que não se pode governar para pessoas individuais ou para pequenos grupos. E, porque não se pode contentar todos, na sua multiplicidade de interesses, de ideologias, de objectivos ou, até, do respeito pelo sentir dos outros, a governação tem de fazer-se por uma agregação total, o todo social. Por isto, será sempre difícil governar. Mas, quando os governantes não têm o bom senso, nem a capacidade de identificar o que é uma boa ou má política, aqueles que, de entre o conjunto, se sentem, sobremaneira, lesados por esta distorção, não podem nem devem, ficar inactivos. Pelo contrário, devem intervir no sentido de chamar a atenção dos responsáveis para que revejam as suas opções e mudem as suas posições. Errar será, sempre, humano mas, não corrigir os erros já não é.

O Homem é, na Criação, o ser racional por excelência e, por isso, não pode deixar de ouvir as críticas e estudá-las, dando-lhe provimento. A observância da humildade é o menos que se pode esperar de um político. Ele é um servidor social, não deve ter lugar para a arrogância.

Contudo, não é isto o que vemos nos nossos políticos eleitos que, uma vez ungidos e detentores do ceptro do poder, se transformam numa espécie de Deuses, inacessíveis a qualquer prece que se lhes dirija. E, casos há, flagrantes à observação, que uma qualquer política, uma vez transformada em lei, prejudica uns na medida em que favorece outros. Uma lei da Republica nunca deve possibilitar estes desvios; tem de acautelar todos de igual modo.

São estes casos que têm de dar voz aos marginalizados ou, a quem, por eles, queira repor a igualdade de tratamento.

Por ser esta a minha maior preocupação, não vou escrever um livro sobre toda a variedade e complexidade da governação. Não vou criticar tudo o que está feito, se bem que, talvez não fosse descabido substituir a governação que temos, por um novo paradigma.

Isso seria uma revolução e, todos sabemos, que esse será, sempre, um caminho a evitar, até porque quando algo de novo é criado, nunca essa criação é perfeita, precisando de tempo e, às vezes, muito, para criar os ajustamentos e suprir as lacunas que fazem parte de qualquer processo criativo.

Assim, acho de toda a acuidade fazer alterações oportunas ao que temos e evitar um corte radical com o que construímos e que, é o fruto de muitos anos de trabalho e da acumulação de muito sofrimento.

Mas, para isto, devemos ser, todos, intervenientes, desde a mais baixa, à mais alta voz e, expressar publicamente a nossa maneira de pensar, mesmo correndo o risco das nossas palavras não provocarem ecos ao esbarrarem nos muros da infinita sapiência...

Custa-me muito ver o meu País ser objecto de

troça, quase desprezado, por outros que, devido à sua história, nada tiveram para oferecer ao mundo e que continuam a não ter lições para dar, a não ser a de terem os bancos solventes.

Somos um dos quatro Pig-Countries. É assim, com este mimo, que somos tratados por aqueles que nunca fazem parte de uma Europa em União. É desprestigiante a alcunha, é vergonhosa a condição. A alcunha vem de fora mas, a condição é nossa, é interna e, só a nós Portugueses diz respeito. Será que não conseguimos arranjar uma dose de amor-próprio que nos leve à revolta e à conquista de outra condição que nos afirme como iguais perante a comunidade de que fazemos parte?

Ou todos PIGS ou nenhum, desde que seja criada uma igualdade.

A mim não parece meta tão difícil de alcançar! Seremos nós, dotados de menos inteligência, de menor capacidade de trabalho ou de sacrifício, do que os outros povos? Eu não creio e, recuso-me terminantemente a equacionar, sequer, essa possibilidade.

A maior riqueza de um povo, há-de continuar a ser, sempre, o trabalho. Um povo que quer trabalhar é como um povo que quer morrer, jamais será vencido e, se, por circunstâncias especiais o for, sê-lo-á ainda, com a admiração e o respeito dos outros.

Vamos, portanto, trabalhar...no campo, nas fábricas, nos escritórios, nos consultórios, no mar, no ar, onde quer que esteja um Português haverá a certeza de fará o seu melhor.

Para isto, os governos devem ser os condutores desta força, dando o exemplo: trabalhando muito e bem, sempre em prol da comunidade que dirigem e que, juraram servir.

O papel desempenhado pelos governos, está bem de ver que é de crucial importância: qualquer rebanho precisa de um pastor. Não podemos ser todos pastores e, por isso, temos de aprender a escolher aqueles que nos representam. A Democracia permite-nos, felizmente, isso!

Se escolhermos mal o nosso guia, como poderemos chegar a porto seguro? Certamente, não chegaremos.

Mas, quando atrás disse que os Portugueses têm que fazer o seu melhor, não estava a excluir os Portugueses políticos. Também eles, para não criarem uma excepção à regra que tem de ser cumprida, devem fazer o seu melhor e, isto, consegui-lo-ão tendo a plena consciência do seu real valor; têm que saber assumir se, serão ou não, capazes de desempenhar, eficazmente, a função governativa. Esse deverá ser o primeiro passo de um elemento do rebanho, candidato a guia.

Deverá fazer uma introspecção cuidada e honesta sobre os seus conhecimentos e reais capacidades para o desempenho de tão complexa função e, só em caso de se achar preparado se deve apresentar ao veredicto do rebanho eleitor. Caso contrário, deverá, com humildade, não disputar o lugar a alguém com maior competência. É esta consciência individual que todos os Portugueses devem adquirir e cultivar. Tudo tem de passar a residir neles próprios. Se conseguirmos esse objectivo, não tenho dúvidas de que seremos uma vanguarda dos povos da terra.

Todos sabemos que o mundo não é feito só de pessoas boas, honestas, humildes, inteligentes e cumpridoras mas, também ninguém nos pode afirmar e garantir que os homens não possam mudar os seus comportamentos e, caminhar na conquista de novos princípios. E, por que não poderemos ser nós, Portugueses, os primeiros a procurar essas novas conquistas?

O Homem quando quer, consegue tudo, até o que parece estar para além da sua capacidade pensante. Basta-nos, portanto, querer!

Enquanto não atingirmos, todos, esse querer, não poderemos deixar de nos precaver contra os, ainda, existentes desvios humanos. E, maior prevenção, será a escolha, certa, dos nossos governantes. Somos todos nós, com o nosso voto que entregamos a alguém a chave da porta do poder, porta essa que poderá ser aberta por alguém que desempenhe mal a sua missão, quer por falta de preparação, quer por ideologia desajustada ou, até, por puro oportunismo.

Temos de conhecer, ainda, o perfil do candidato. Não podemos deixar-nos enganar pelas suas palavras populistas ou falsas. Um político que quer o poder, a todo o custo, não hesitará em dizer às pessoas o que elas querem ouvir, quer prometendo dar o que não é dele, ou, até, mesmo o que sabe não poder cumprir. Ele quer o poder e, depois de o ter, dará a volta à situação com um discurso diferente mas justificativo do não cumprimento das suas promessas. Não levará qualquer picada na língua por ter mentido nem, a sua má consciência o acusará de nada. Para ele é tudo natural desde que tenha o poder ao seu serviço.

Porque eu acho que dos governos parte a maior dose de culpa do modo como somos reconhecidos, é sobre eles que eu vou escrever este livro. Não vou falar dos governos do passado. A prática repete-se no presente e, para o que pretendo, basta-me analisar o XX e o XXI, governos constitucionais.

Só abordarei as políticas que acho erradas e isto, porque os seus resultados foram maus, alguns até desastrosos e, mesmo aquelas, só as que não tiveram em conta o superior interesse da população e o respeito que esta deve merecer a qualquer governante.

O restante, por omissão, é ajustado, aceitável ou, não tão imediato.

O passado, como a própria palavra significa, é algo que ficou para trás e, como tal, não pode ser alterado. O presente está em ciclo e o seu resultado saber-se-á num futuro mais ou menos próximo. Porque assim é, as minhas críticas ou sugestões, só poderão ter aplicação nesse futuro. Elas serão, agora, apenas avisos para que não se voltem a cometer os mesmos erros.

Além dos governos impõe-se, também, uma análise aos comportamentos de algumas Instituições, independentes ou semiautónomas que, de certo modo, contribuem, com a sua acção, para os bons ou maus efeitos da governação.

Também, em relação a essas, devemos intervir no sentido de lhes pedir que o seu trabalho seja desenvolvido em benefício da comunidade e não em prol dos seus interesses específicos. Todos temos de olhar para o mesmo ponto no horizonte, que é o ponto do respeito dos poderosos pelos mais fracos.

Debruçar-me-ei ainda num breve olhar sobre a função do Presidente da República e o funcionamento do Parlamento. E, por fim, imiscuir-me-ei nalgumas questões que, pela sua importância no aspecto social e na acção do próprio governo, se tornam indispensáveis no todo da análise que pretendo fazer e das conclusões a que quero chegar. Isto para mostrar que é possível ganharmos a sã consciência inter-portuguesa, a admiração e o respeito dos outros povos.

Para deixarmos de ser

PORTUGAL

um

PIG-COUNTRY

PORTUGAL – PIG COUNTRY

JOSÉ MARTINS GAGO

PARTE I

OS GOVERNOS

JOSÉ MARTINS GAGO

O XX GOVERNO CONSTITUCIONAL

Se no campo da política externa, devido à exigência e intransigência dos nossos financiadores que, erradamente, nos obrigaram a fazer autênticas barbaridades, pouco se pode apontar a este governo; já na óptica da política interna há pertinentes reparos a fazer, alguns, até, que mostraram uma total insensibilidade social, quando as pessoas deviam, em primeiro lugar, receber toda a atenção dos seus governantes.

E, porque a acção que mais me chocou como português e como pessoa, foi a do fisco, começarei por aí.

A ADMINISTRAÇÃO TRIBUTÁRIA – As pequenas Empresas.

Ninguém tem dúvidas de que a fuga ao fisco existe. Mas, também estamos certos que essa fuga durante a legislatura deste governo, não era, já feita, por aqueles que foram barbaramente atacados.

É certo que qualquer estado não sobrevive sem cobrar impostos mas, também é certo que não se pode tirar às pessoas da base da escala social, a sua sobrevivência. Na actividade económica, os governos têm muito onde ir buscar os impostos justos, não precisam, nem devem, por isso, lançar mão das colectas injustas. E, as colectas são injustas quando na actividade económica, esses governos vão sacar o que as empresas não ganham, esquecendo-se ainda que é a sua acção que condiciona a rentabilidade daquelas.

Uma má política económica, legislada por uma leviana opção do governo, pode destruir o equilíbrio orçamental das empresas, especialmente as mais pequenas por mais vulneráveis. E foi o que este governo fez, destruindo milhares, muitos milhares dessas pequenas unidades, com um desprezo, para mim, incompreensível.

A Troika deixou, apesar de tudo, muita margem de manobra para o governo actuar na política interna e ele actuou, à sua maneira, descomprimindo as grandes empresas e arrasando as pequenas. Até parecia que o tecido económico devia ser formado, apenas, pelas Galps e afins.

A estas, todos os benefícios fiscais, às outras, aquela praga, com que era preciso acabar. Daí o saque! Foi como se no corpo humano o sistema circulatório só tivesse artérias, dispensando as veias e todos os outros vasos sanguíneos.

Se olharmos para a contribuição das pequenas empresas, na variável emprego, verificaremos que dali parte a maior fatia e tão grande que não se pode desprezar no equilíbrio orçamental porque, essa contribuição não tem qualquer hipótese de ser absorvida ou compensada pelas grandes. São espaços económicos e sociais diferentes, jamais totalmente misturáveis.

Mas, responder-me-á o governo: «a austeridade foi-nos imposta de fora, não tínhamos como evitá-la!»

Aí reside o vosso erro: «responderei».

Essas pequenas empresas caíram, na sua maior parte, por não aguentarem a voracidade fiscal. O governo quis receber tão depressa que as aniquilou.

Ninguém contesta que os deficits públicos têm que diminuir, já pela saúde da própria economia, já pelos gastos que acarretam, para o País, em juros. Por isto quanto mais depressa se pagar, mais barato nos fica e maior será a nossa

29

credibilidade como país mas, querer pagar tão depressa que, ultrapasse a tal margem que nos foi inteligentemente concedida pela Troika e destrua uma parte, representativa, do todo produtivo, só pode criar mais despesa posterior.

O Primeiro-ministro, Passos Coelho, e os seus dois ministros das finanças não compreenderam que uma austeridade em demasia, só podia, em seguida, gerar mais austeridade. Demais que essa austeridade não foi, de modo nenhum, complementada com medidas de crescimento que a menorizassem e, muito menos que a erradicassem.

Aqui surgem novamente os argumentos do governo: «mas foram-nos concedidos apenas três anos para baixar o deficit para os 3%. Se pedíssemos mais tempo, os 78 milhões de euros que nos foram emprestados não chegariam para resolver as nossas necessidades de capital, precisaríamos de muito mais.»

São verdades, mas, que não se podem sobrepor a outras verdades bem mais importantes que essas. Se tivéssemos obtido, em vez de 3, 4 ou 5 anos de prazo, ou até 6, tinha-se evitado a destruição do aparelho produtivo, que afectou o crescimento e criou uma avalanche da concessão de subsídios de desemprego. O que se ganhou por um lado, perdeu-se por dois. E, mesmo pagando mais juros, devido ao aumento do total financiado, penso que o saldo seria positivo. Aquilo que o governo gastou a mais em transferências sociais, contribuiria para pagar uma boa parte desses juros, o povo não tinha sofrido tanto e o aparelho produtivo teria ficado em melhores condições de reiniciar a recuperação. E mais, tudo isto não teria contribuído para o aumento das importações nem, consequentemente, do saldo das contas externas, porque a austeridade continuava, agora, por mais tempo.

Uma austeridade prolongada no tempo mas que atenuasse o sofrimento e a miséria das pessoas, seria sempre muito melhor compreendida e tolerada do que a que foi aplicada e, sobretudo, do modo como o foi. Porque ela foi, mesmo muito, muito dura e insensível, a muitos níveis. Penso que se o governo tivesse tomado esta opção e a defendesse em Bruxelas, teria conseguido a sua concordância. Mas havia o super-ministro das finanças!..

Como este é o capítulo das pequenas empresas, vou continuar com o desmedido ataque que sofreram:

A um pagamento em falta, nem que fosse apenas por um dia, justificado por manifesta falta ou insuficiente liquidez, que tinha a sua origem na retracção brutal do consumo, vinha logo uma coima de, no mínimo 30% do valor do pagamento em falta, mais juros compensatórios e ainda os normais.

Se essa pequena unidade não tinha, por exemplo, 100,00€ para pagar uma qualquer contribuição, como poderia, depois, pagar 130,00€, 140,00€ ou mais euros? Não podia, porque não tinha para pagar! Mas poderia vir a ter quando a situação económica melhorasse e esta, dependia da acção do governo, do mesmo governo que queria cobrar impostos a todo o custo, sem criar as condições de sobrevivência das empresas.

Até parecia, não sei se não continuará, agora, com o novo governo, que as pequenas empresas podiam cunhar moeda. Ali tinha que haver sempre o dinheiro reclamado.

Mas este vergonhoso processo, não termina aqui e os superministros das finanças lá arranjaram ou consentiram, mais uma inteligentíssima maneira de sacar o dinheiro que já não havia nos bolsos daqueles lutadores pela sobrevivência da empresa e, consequentemente, da própria família que dali tirava o seu, já, magríssimo sustento. E vai daí, uma penhora à conta bancária da inimiga. O, sempre, pouco dinheiro que lá havia e que seria para pagar alguma daquelas contas, de bens ou fornecimentos indispensáveis à continuidade da laboração da empresa, ia parar às finanças, ficando o resto por pagar, caso da electricidade, ou de fornecedores indispensáveis, obrigando, inevitavelmente, a empresa a fechar.

Mas, essa penhora sobre a conta bancária da firma e depois do próprio sócio, por não terem saldo suficiente para liquidar a dívida ao fisco, pois se o tivessem tê-la-iam atempadamente pago, aquele não se dando por vencido e servindo-se da sua prepotência, faz imediatamente uma reversão ao sócio e penhora-lhe a casa onde vive com a família e que, estando paga, foi o fruto, muitas vezes, de uma vida de muito trabalho. A casa será vendida em hasta pública para pagamento da dívida restante. Se o mercado a absorver pelo seu valor real, o pobre proprietário ainda a poderá vender, liquidar a dívida, sobremaneira já aumentada pelos juros e custas sempre crescentes e, guardar o remanescente para si. Mas vai ficar sem casa para viver.

Contudo, poderá ainda acontecer-lhe algo pior: se a casa foi comprada com financiamento bancário e garante esse empréstimo, junto do banco, com hipoteca, em caso de venda pelo fisco, o banco é credor preferencial. A casa pode ser vendida em hasta pública, pelo fisco, independentemente de o fisco receber, ou não, algum dinheiro do produto da venda. E, se isso acon-

33

tecer, a dívida ao fisco continua e, se a venda não cobrir a hipoteca no banco, o remanescente, agora negativo, ficará também em dívida pelo mutuário.

Assim, o nosso empresário, o nosso homem, a nossa família, se vê sem casa para viver e com duas dívidas para pagar: ao fisco e ao banco. É obra!

Por isto, ouvi, alguma vezes, na repartição de finanças, pessoas, em desespero, perguntarem aos funcionários: « mas para onde vou viver com os meus filhos?»

Estas perguntas fizeram-me odiar os superministros das finanças deste governo e lamentar pertencer à mesma classe profissional desta gente e, perder a consideração por um Primeiro- ministro que consentiu estes desvarios anti-sociais.

E isto não tinha que ter sido assim; espero que não continue. Havia maneiras de fazer diferente, não fora a ganância pelo dinheiro com o fim de pavonear a sua vaidade por Bruxelas. Que grandes economistas! Serão certamente chamados para um bom lugar, espero que no exterior. Eles ganham esses «tachos» mas o rasto que deixam no tecido social é de miséria e desespero e jamais aceitável sob nenhum pretexto.

Mas, isto é, ainda, tanto mais inumano e decepcionante, porquanto o que observamos nessa gente super-credenciada e vaidosa (repito) é uma total ausência de preocupação com as vítimas da sua actuação. Não têm olhos para olhar em redor, nem consciência para sentir o mal que fazem aos outros. Para mim são criminosos sem arrependimento!

A maior parte desses supercérebros, nunca sentiu dificuldades e os seus doutoramentos em Harvard ou M.I.T. atestam isso mesmo. Como nunca cavaram batatas, não têm a mínima ideia do que é cavar a terra e produzi-las, a baixo preço, para outros comporem as suas fartas mesas. E, se alguém vem de baixo é apelidado, pelos mesmos, de provinciano, sem cultura ou sem berço (o que é ainda mais elucidativo).

Vão senhores ministros, por esse País fora, sejam voluntários em organizações de caridade, ao menos por um dia, ou uma noite, e vejam com os vossos próprios olhos quanto vale um prato de sopa e uma mão no ombro, com um sorriso. Dominem a soberba desses corações sem sentimentos de compaixão e ponham de parte a vossa pretensa «iluminação» pois não são melhores do que os outros, são, isso sim, bem piores, porque a vossa preparação técnica dá estes resultados e só a vossa ilusão vos coloca acima dos outros mortais. Vão para o governo para trabalhar para o bem comum, não esquecendo nunca que é um serviço social o que vão prestar e não um meio para qualquer conquista individual.

Para que, quanto às pequenas empresas, tudo tivesse sido diferente, bastava e bastará – se tudo continuar na mesma- uma actuação diferente da administração tributária na sua relação com estes pequenos núcleos da actividade económica.

São pequenos mas são muitos e desempenham, além de um papel importante na criação da riqueza nacional, outro papel não menos importante, no aspecto social.

As grandes empresas não têm coesão social, produzem, são ricas e impõem-se no conjunto mas, falta-lhes aquilo a que o ser humano aspira, por fazer parte da sua natureza intrínseca: a convivência e a proximidade.

As micro e as pequenas empresas, normalmente, são o ninho de uma família. Ali há coesão, há amor, há respeito, há compaixão, há trabalho, há exemplo. E, é também dali que sai a subsistência de cada família ou, pelo menos uma ajuda a essa subsistência, alicerçada em trabalho contínuo pelo dia e pela noite, pelos meses e pelos anos.

São fruto do empreendedorismo, muitas vezes, como último recurso para sobreviverem. São pessoas que, pela coragem, pelo amor-próprio, pela vontade de fazer e pela vergonha de desistir, se superam e, sabe Deus como, com que sacrifícios e pedidos põem de pé a sua esperança que, por ser esperança é firmemente agarrada com todos os braços que ali trabalham, sempre, arduamente.

Um dia, um dos tais ministros «bem preparados», bem falante, impõe ao País uma determinada política económica que gera uma crise. Estas empresas por serem as mais frágeis, são logo as mais directamente atingidas. Chegam as dificuldades, o dinheiro realizado na actividade não chega para fazer face aos gastos de laboração. Surge o fisco e, sem se preocupar com as condições provocadas por quem o dirige, continua a exigir os mesmos impostos, o mesmo dinheiro. Os «pobres» não o têm e como já expliquei atrás, começa o calvário até à aniquilação total daqueles projectos de esperança daquela gente e, chega a miséria e o desespero. Esta é mais uma realidade de todos os dias que não se pode aceitar.

Como pode haver um tratamento igual para uma micro ou pequena empresa e para uma grande ou gigante? Isto é como sacar o mesmo imposto a um rico e a um pobre e, não deve ser assim. O senhor ou senhora ministra das finanças, com a cobertura consciente ou inconsciente do seu patrão, o Primeiro-ministro, devia pensar de maneira diferente. Olhava para os outros em vez de olhar apenas para o seu ego. Assim seria um bom ou uma boa ministra.

E, qual seria essa maneira de evitar o fecho de muitas dessas empresas e consequentemente a sobrecarga da Segurança Social com subsídios de desemprego?

Como está, o que o fisco vai buscar a essas empresas será, porventura, muito menos do que o dispêndio que faz na protecção social dos desempregados. Além disto, a destruição destas unidades vai ainda contribuir para a proletarização de muitos milhares de pessoas que caiem de uma classe média, já baixa, como se a verdadeira função de qualquer governo fosse o empobrecimento da maior parte da população em vez de ser o contrário: tirar da miséria a totalidade dos menos afortunados.

Para mim, a maneira era e é muito simples. No caso concreto desta crise, o governo devia ter feito o seguinte:

CONTAS CORRENTES NA ADMINISTRA-ÇÃO TRIBUTÁRIA E NA SEGURANÇA SOCIAL

Criar no fisco e na segurança social, contas correntes das empresas mais atingidas pelas dificuldades.

Com essas contas correntes, as empresas se não tinham 500,00€ para pagar, talvez arranjassem 200,00€ ou 250,00€. Iam pagando e iam sobrevivendo e, muitas aguentariam até ultrapassar a crise. Para isso bastava criar as contas e substituir o regime de coimas e juros, porque essas coimas e os juros elevados são os maiores carrascos das empresas.

As coimas deixariam de ter lugar, ficando um juro honesto e suportável pelas empresas, porque a sua sobrevivência é o principal objectivo desta política: aguentar as empresas e, consequentemente, a contribuição que dão para a economia, quer no emprego, quer nos impostos e ainda, como já disse, na coesão social.

Digamos 1% de juros ao mês, sendo pagos por unidade dia. Deste modo encorajar-se-iam os pagamentos a ser feitos um dia antes e não um dia depois.

Também as penhoras sobre as contas bancárias destas empresas deviam pura e simplesmente ter sido erradicadas porque só contribuíram para a sua mais rápida aniquilação. Se algum saldo houvesse, ou haja, que ainda não acabaram, nessas contas, quando surgem as penhoras é para fazer face a pagamentos que acautelam a sobrevivência das empresas. Sem esses pagamentos efectuados, água, luz, telefone, renda, etc, a sua continuidade torna-se impossível. E quando não há saldo e a penhora cai sobre a conta, só vai criar junto do sistema bancário uma impossibilidade na obtenção de crédito que, a ser obtido, serviria para manter em dia as obrigações da empresa, ou empresas.

Há procedimentos que são autênticas aberrações e que ao procurarem construir, acabam por, apenas, destruir. Quem legisla deve ter, sempre, a capacidade para analisar a realidade, criando novos conceitos, com certeza, mas adaptados a cada nova solicitação real.

Mas como acho que todos, sem excepção, devemos pagar impostos, dentro dos rendimentos que auferimos, creio que se deverá legislar, agora, para todas as empresas actuais e futuras, micro e pequenas. As outras têm outros capitais, outros apoios, outras dimensões e suportes que estas não têm. É preciso evitar que políticas destas se repitam no nosso País.

O NOVO ENQUADRAMENTO TRIBUTÁRIO DAS MICRO E PEQUENAS EMPRESAS

Com o que se aprendeu nestes últimos anos ,é tempo de não desperdiçar essa aprendizagem e criar legislação que impeça novos ressurgimentos destas autênticas catástrofes. É o mínimo que podemos fazer.

Durante os três primeiros anos de laboração deste tipo de empresas, tomando como base, este, o tempo normal para atingirem o seu Break Even Point, pagarão os impostos segundo a sua actividade efectiva: se ganharem muito, pagarão muito, se ganharem pouco, pagarão pouco, se não ganharem nada, não poderão pagar nada, segundo o regime vigente do IRC.

Mas ao fim desses três anos, as que pagam pouco, ou nada, ficarão sujeitas a um imposto de taxa fixa anual, pago no final de cada exercício e não à cabeça, como agora acontece e que é injusto.

Digamos que essa taxa poderá ser criada em função das vendas efectuadas. Não será, ainda,

41

uma decisão justa, porquanto, as vendas, isola-
das, pouco representam se as despesas forem
superiores à margem bruta obtida na sua actividade. Mas, também, uma taxa fixa igual para
todas as micro e pequenas empresas, independentemente da sua dimensão e resultados, me
parece, ainda, mais injusta. Devido a estas con-
dicionantes, penso que se deve dividir esse universo em vários escalões para que o processo se
torne mais equitativo.

Segundo o conhecimento que tenho desta realidade empresarial, acho que o intervalo dos valores desse imposto deve permanecer entre os
100,00€ e os 1.000,00€ anuais.

Vendas até 100.000,00€ ----------------------------
---------------100,00€

Vendas de 100.000,00€ a 120.000,00€ -------
-------------- 150,00€

Vendas de 120.000,00€ a 140.000,00€ -------
-------------- 200,00€

Vendas de 140.000,00€ a 160.000,00€ --------
------------ 250,00€

Vendas de 160.000,00€ a 180.000,00€ --------

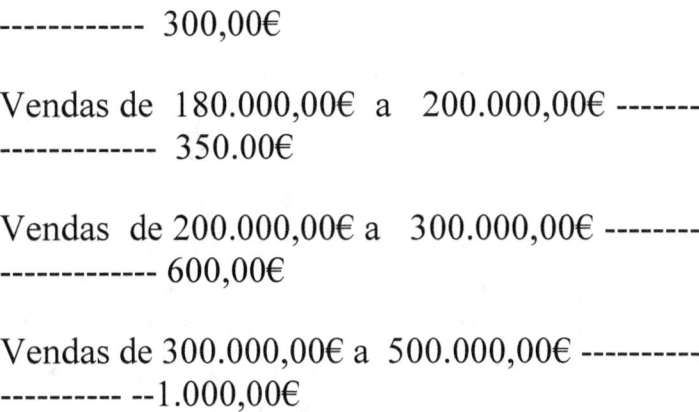

------------ 300,00€

Vendas de 180.000,00€ a 200.000,00€ ------------------- 350.00€

Vendas de 200.000,00€ a 300.000,00€ ------------------- 600,00€

Vendas de 300.000,00€ a 500.000,00€ ---------------------1.000,00€

Os escalões não podem diferir muito destes valores pois, não podemos esquecer-nos que este regime excepcional é apenas para aquelas empresas que, por variadíssimas razões não conseguiram durante os primeiros 3 anos, atingir o seu Break Even, porque as outras, as que chegaram lá, já estão integradas no regime geral do IRC.

Isto é para dar mais uma oportunidade àquelas empresas que, como em tudo, tiveram menos sorte na escolha do seu objecto, ou no meio onde foram inseridas, porque nem todos os locais são equivalentes na resposta às ofertas de uma determinada empresa. Uns serão mais rápidos e outros mais lentos mas que podem, apesar disso, ainda, sobreviver.

O importante é que, deste modo, todas as empresas serão tributadas, contribuindo assim, para a colecta do estado mas agora, sem os exagerados abusos que ultrapassaram em muito o razoável. Deste modo teremos um universo completo de todas as dimensões de empresas, permitindo a cada um a sua oportunidade na conquista de um meio de vida. E não tenhamos ilusões, cada empresário pequeno só não será grande se não puder. Todos quererão pagar mais. Se este esquema for aplicado iremos ver a reacção no desemprego. Este será o melhor caminho para o baixar e os cidadãos mais fracos olharão para o governo que o fizer, como um governo que, finalmente, governará equitativamente.

Tem que se pensar na tributação adequada ao rendimento das empresas; não é legislando cegamente sem tomar em conta as suas possibilidades reais que se deve governar. É isto que os nossos Primeiros-ministros e ministros das finanças têm que aprender e cultivar durante os seus mandatos.

Argumentarão ainda alguns deles, que deste modo, o deficit das contas públicas não atingirá os valores exigidos por Bruxelas, mas estarão enganados, assim é que ele vai baixar mais depressa, além de que os governos devem resolver esse problema do lado da despesa e, não faltam por aí santuários onde a cortar.

Sempre se tem falado da tributação destas empresas de pequena dimensão, quase exigindo que paguem o mesmo que as grandes mas, estas, além do seu magro conteúdo ainda sofrem de outras restrições que devem ser equacionadas.

O APOIO FINANCEIRO ÀS PEQUENAS EMPRESAS

As grandes, disfrutam de um amplo apoio bancário que, muitas vezes, ultrapassa até a margem de segurança da sua solvabilidade. Têm ainda juros baixos e, muitas, variados benefícios fiscais.

E as pequenas com o que podem contar?

Quando há corte nos financiamentos por parte da banca é por aqui que começa, sendo logo marginalizadas. E isto num crédito que sempre esteve quase ausente da actividade bancária, mesmo em épocas de normal funcionamento da economia. Os bancos preferem emprestar o seu capital disponível às dívidas soberanas, para a compra de habitação, ou até mesmo para a aquisição de automóveis.

Nas primeiras sabe-se o que pode acontecer; nas segundas os spreads são baixos mas os financiamentos seguros nas hipotecas; na terceira igualmente seguros nas reservas de propriedade. Nada sobra para capital de risco e as empresas, estas, sendo pequenas, jamais conseguirão crescer e adquirir dimensão, por falta de liquidez.

Este é um dos grandes entraves ao crescimento da economia portuguesa, a falta de capital de risco, aquele que cai no investimento. Esta falta, se atinge mais duramente as pequenas empresas, também se manifesta nas grandes. Daqui a necessidade urgente dos bancos de desenvolvimento que destinem algum capital para apoiar este tecido empresarial que, devido à sua capacidade de trabalho, poderá contribuir, em muito, para o rendimento nacional.

Com um pequeno corte nos grandes empréstimos, serão contempladas todas as pequenas empresas que, no final de cada exercício poderão rivalizar com as grandes nos seus resultados globais, tanto financeiros como de emprego. Isto além de contribuírem em mais larga escala para o crescimento da classe média, suporte do equilíbrio social. As razões para o apoio –aqui apoio não significa dádiva, mas sim participação com retorno dos financiamentos- a estas empresas não se esgota aqui. Vamos ver as contas externas.

A NEUTRALIDADE DAS PEQUENAS EMPRESAS NO DESEQUILÍBRIO DAS CONTAS EXTERNAS

Estas pequenas empresas situam-se , no panorama empresarial, em todos os sectores produtivos: comércio, indústria, agricultura, pescas e serviços. Vamos analisar o seu comportamento em cada um deles.

No comércio, se não contribuem muito para o sector dos bens transaccionáveis, exportando pouco, também não participam na importação maciça de produtos. Aqui, os verdadeiros campeões são as grandes superfícies que ajudam a alargar o nosso crónico deficit externo. As pequenas compram e vendem nacional, apoiando e ajudando a viver o sector agrícola e as pescas, a manufactura e a indústria em geral.

Só por isto o pequeno comércio devia ser ajudado a sobreviver. Mas tem ainda outras razões: veja-se o que a grande distribuição faz aos poucos produtores nacionais a que compra: esmaga-lhes as margens a tal ponto que uma grande parte não consegue aguentar a sua tributação e tem que soçobrar. Mas ainda faz mais, paga, quando e como quer, a três meses, a quatro e até a cinco ou mais. Nas importações não acontece o mesmo, gerem o que compram sem mais exigências, tais como aluguer de prateleiras, participação nas promoções, devoluções de mercadoria, etc, etc. Não quero dizer que não ganhem até mais nos produtos importados, mas com aqueles não existe esta exploração oportunista , abusando das dificuldades de absorção da dispersa produção nacional.

Se estas empresas tivessem os apoios necessários, conseguiriam crescer, associar-se e assim defenderem melhor os seus interesses. Como está, as pequenas ficarão cada vez mais pobres e as grandes, cada vez mais ricas, num processo de acumulação de capital, com uma base legal e apoiado pelos governos. Por alguma razão é na distribuição que estão as mais ricas empresas do País.

Também é preciso olhar para esta realidade e, por exemplo, obrigar as grandes superfícies a comprar uma parte, proporcional às compras totais, da produção nacional.

Além destes motivos para acarinhar as pequenas empresas comerciais, há ainda, além de outros, pelo menos mais um que é de crucial importância.

O DESPOVOAMENTO COMERCIAL DOS CENTROS URBANOS

As nossas cidades, vilas e até aldeias, estão a ficar sem vida. Toda esta política de protecção ao grande capital, desviando o comércio das localidades para as suas periferias em grandes e monstruosas fortalezas, está a matar os centros urbanos, todos, desde os maiores aos mais pequenos.

Veja-se o que aconteceu com a Baixa de Lisboa. Recuemos vinte ou trinta anos e quedemonos num mês de Natal. Aquelas ruas, cheias de gente, a entrar numa loja, sair e entrar noutra, os sacos nas mãos a tocar nos sacos dos transeuntes do lado, numa alegria e vivacidade a que dava gosto assistir e participar. Tudo isso que mostrava uma cidade viva e completamente habitada, pertence ao passado.

Essa mesma Baixa a que Lisboa tinha direito é,

agora, um autêntico cemitério de recordações e um motivo de revolta, por tudo isto ter sido feito em prejuízo da cidade e consentido por quem a devia ter protegido. Por ali já quase não mora ninguém.

Mas não foi só a política urbanística que matou a Baixa; foi também a política comercial e, mais uma vez, a legislação sobre o arrendamento para protecção dos senhorios, ou seja do capital. A Baixa era, comercialmente, pujante e as suas lojas disputadas. O trespasse, figura jurídica transaccional desse tempo, subia de valor. Daí nasceu a perseguição aos empresários comerciais, movida pelos senhorios e secundada pelo poder político de então, para tirar aos inquilinos o direito a essa cedência dos espaços.

Paralelamente, o poder político, secundado pela Câmara Municipal, começou a licenciar as unidades comerciais aglomeradas, nas periferias, para combater o que, então, achavam ser um lucro demasiado elevado para aquelas empresas, sem levarem em conta que todas as despesas de conservação e renovação das lojas eram suportadas pelos seus ocupantes e não pelos senhorios que não gastavam nelas, nem um tostão.

Assim chegou a decadência da Baixa, que se teria evitado, não fora a desatenção dos governos, ao futuro. O panorama, como disse, não é só de Lisboa. Todas as cidades e até urbes mais pequenas sofrem do mesmo mal, a desertificação dos seus centros. Sente-se e vê-se a mesma desolação, o mesmo vazio, a mesma ausência do elemento humano vivo. Não há pessoas nas ruas; a partir de certa hora do dia já não se convive, toda a sociabilidade do Homem está sendo destruída. O Homem gregário, aglomera-se nos impessoais espaços urbanos, mas está deixando de ser pessoa.

As razões são várias mas, ao menos que os governos procurem remediar este mal, restabelecendo o comércio de rua, ou local, como lhe queiramos chamar e, paralelamente, porque uma coisa sem a outra não existe, criem condições de habitabilidade nessas zonas. Assim, teremos cidades vivas, cidades verdadeiramente humanas e humanizadas.

Este, não foi um problema criado pelo governo destinatário desta crítica mas, também foi, por ele negligenciado, nada fazendo para alterar este estado de coisas no domínio urbanístico e, fazendo muito e mal ao destruir ainda muitas mais pequenas empresas, que são as que ocupam estes espaços.

Há muitos outros domínios onde o governo devia ter actuado, desfrutando das condições ímpares de protecção que a Troika lhe trouxe. O governo teve mão livre da parte dos credores e uma compreensão e apoio quase totais da parte do povo, que tudo suportou, acreditando na capacidade dos seus governantes para reequilibrarem o País dos desmandos anteriores. Foi crente mas, ignorante do trabalho que era preciso realizar. Por desconhecê-lo não o podia impor ao seu governo. Confiou e esperou que o seu sacrifício desse os frutos esperados. Hoje, todos sabemos que não deu e, não deu, porque este governo se preocupou apenas com o equilíbrio orçamental e com a balança externa. Sacrificou tudo a estes objectivos. Não que não fossem os mais prementes e imediatos, mas porque, paralelamente se podiam e deviam ter tratado outras variáveis. Entre estas e não menos importantes que as contas internas e externas, está?...

A DIMINUIÇÃO DOS GASTOS

DO ESTADO

Fala-se muito da insuportável dimensão do estado e da despesa que necessita fazer para assegurar o seu funcionamento. É certo que se pode sempre cortar despesa e o nosso terá de o fazer mas, não podemos esquecer-nos de que o estado precisa, para funcionar, de uma dimensão mínima e, igualmente, de uma despesa também mínima, para assegurar esse funcionamento, que deve ser cabal.

O problema não se pode colocar apenas na diminuição da despesa do estado.

Temos de tomar em conta que temos um país pequeno, com responsabilidades iguais aos maiores, em muitos domínios e, além de sermos pequenos como país, somos ainda mais pequenos como economia. A nossa economia é anã e, o que produz não chega, para tudo. A solução não está, portanto, só do lado da diminuição da despesa do estado mas sim, no crescimento económico, para diluir essa despesa, com o aumento do rendimento. Enquanto isto não for feito, continuaremos sempre a clamar pelo abaixamento da despesa.

Mas o estado não pode cortar em tudo, precisa manter as embaixadas espalhadas pelo mundo, tem que honrar os compromissos internacionais a que a nossa integração no concerto das Nações obriga, tem de manter umas forças armadas, que se querem eficazes porque os equilíbrios existentes hoje podem desequilibrar-se de um momento para outro e, o que hoje parece ser um luxo, amanhã pode ser a razão da nossa sobrevivência como estado; o próprio governo pela sua complexidade e trabalho a desenvolver não pode deixar de ter as pessoas competentes de que precisa; o sistema nacional de saúde, um autêntico sorvedouro de dinheiro, que deve ser mantido acima de tudo e, se possível melhorado; a educação, outro pilar do desenvolvimento da nossa sociedade também não pode ficar para trás e outros que constantemente reclamam mais orçamento, como, por exemplo as forças policiais para enfrentarem eficazmente os desafios dos nossos tempos.

Os cortes não podem, assim, ser tão alargados como se pensa, mas há, apesar de tudo, muito onde cortar. Há na administração pública muitas grutas onde não se tem entrado e que têm de ser exploradas. É aí que o governo tem de trabalhar e, caso a caso, racionalizar a existência desses comilões; uns com a sua extinção, outros com uma reciclagem total, de modo a torná-los menos dispendiosos

Poder-se-á sempre argumentar com os milhões gastos com a banca, com as parcerias público/privadas, com as auto-estradas. Mas, estes foram desacertos conjunturais, a que, sem dúvida se deve pôr cobro, de uma vez por todas. O orçamento do estado não pode ser desequilibrado com aumentos brutais da despesa, que surgem inesperadamente e que não deviam ser incluídos nele. Estas autênticas sanguessugas vão desequilibrar as contas por muito tempo.

Sobre a banca, falarei a seu tempo da solução definitiva. Acerca dos maus gastos por incúria dos governantes, ou seus nomeados, estes têm que começar a ser punidos, não se pode brincar com o trabalho árduo de uma nação. Está visto que estes desajustamentos têm que ser definitivamente erradicados mas, mesmo assim, ainda continuaremos com uma economia frágil, que não produz o suficiente para alterar, positivamente, o nível de vida dos Portugueses.

Isto só se consegue com investimento mas, ainda assim, não pode ser um investimento qualquer. Os recursos são escassos, logo, devem ser muito bem pensadas as suas aplicações. Quando os recursos disponíveis são abundantes, o que não foi, nem é, o nosso caso, ainda haverá alguma margem de erro mas, na situação em que estamos essa margem não existe; nem conseguimos suportar o essencial, quanto mais dar cobertura a más opções e piores planeamentos. Os nossos governantes têm que saber e querer, acautelar o dinheiro do estado, de todos os Portugueses, como se fosse o seu próprio dinheiro. Assim, com duas maneiras opostas de agir, acautelar o pessoal e esbanjar o colectivo, nunca chegaremos a atingir umas contas desafogadas, para que, finalmente, sejamos um país, não direi rico, também, para já, não devemos exigir tanto mas, ao menos, um país onde se viva uma vida digna e autónoma, um país, portanto, que se baste a si próprio.

Mas, voltando ao papel a desempenhar pelo investimento. Não há muito tempo, um amigo, em conversa informal, perguntava-me, intrigado, como é que os países podiam crescer infinitamente? Na sua maneira de pensar, achava que isso tinha de ter um fim. E na verdade o crescimento tem fim e pára quando cai o investimento que o suporta. É a situação em que estamos. Ao nosso sistema produtivo falta o investimento que o faça crescer.

Só o investimento possibilita o aumento da produção e da produtividade.

Contudo, torno a dizer, não pode ser um investimento qualquer. Nós, desde a entrada na Comunidade Económica Europeia, até atingimos um nível elevado de investimento mas, fizemo-lo com opções erradas. A aplicação do capital deve ser canalizada, em primeiro lugar, para sectores reprodutivos, ou seja para sectores da economia que criem riqueza em vez de produzirem despesa, como por exemplo as auto-estradas dispensáveis, que tiveram custos de construção, mais juros e manutenção, sem gerarem inputs que os compensem.

Estas opções são autênticos desastres. Então quais são os sectores que criam a riqueza de que precisamos?

Na base deve estar sempre a ciência e a educação. Sem estas duas componentes, não haverá, nunca, inovação. Com certeza que podemos aproveitar a inovação alheia, mas essa, normalmente, tem sempre custos elevados. A nossa é que permite dinamizar as universidades, criar empregos de alto valor acrescentado na sua aplicação ao processo produtivo no momento próprio e não tardiamente. Quem copia ou importa, anda sempre atrasado.

Depois do conhecimento adquirido, há que canalizá-lo para a produção daqueles produtos que se vendem para o exterior, os chamados produtos transaccionáveis e para outros que, sendo consumidos cá dentro, substituam os que importamos. Pois que, se exportamos por um lado e importamos por outro, a nossa riqueza não aumenta.

Para se chegar à conclusão de quais os produtos concretos que devemos produzir há que estudar os mercados e a nossa capacidade para os criar.

Os mercados, como se sabe, são altamente competitivos e, se nós formos para qualquer mercado com produtos iguais ou similares, mas mais caros, supondo que a qualidade é igual, com certeza que não os conseguimos vender. Temos, portanto, que escolher os sectores em que somos competitivos para produzir os produtos com apetência dos mercados. Mas, mesmo tendo o país o know-how competitivo, precisa sempre de capital para aguentar a competição que é permanente. Aqui põe-se o maior problema: a falta desse capital.

Na nossa economia, de pendor privado, são as empresas que têm a seu cargo a produção nacional. Mas, essas empresas, tirando algumas, poucas, dificilmente conseguem uma acumulação de capital próprio que lhes permita fazer face a investimentos com os próprios meios; isto devido ao mercado exíguo do país e à sua, ainda fraca, internacionalização. Como não têm esse capital próprio, têm que tentar arranjá-lo por outros meios. Na bolsa portuguesa será impossível para a maior parte das empresas, restando, então, a banca. Mas, de onde vem o dinheiro dos bancos? Vem da poupança dos Portugueses que, por ganharem pouco, não podem poupar muito. Logo, o dinheiro que os bancos têm para emprestar é fruto de empréstimos que obtêm na poupança externa, o que aumenta a nossa dívida ao exterior. Mas, os bancos, desse dinheiro que pediram emprestado, apenas uma pequena parte foi parar às empresas que produziam os tais bens transaccionáveis. O grosso desse capital foi investido na compra de habitação e outros bens não reprodutivos.

Foi o que aconteceu nos últimos anos em Portugal. Por falta de investimento as empresas que exportam, não cresceram e muitas, até nem conseguiram satisfazer as encomendas.

Estes erros, numa economia como a nossa, pagam-se caro, muito caro e é por isso que temos de mudar a estratégia de investimento porque, sem este nos sectores reprodutivos, especialmente nos produtos para exportação, nunca mais sairemos do buraco da pobreza em que estamos, há muito tempo, metidos.

A banca ao investir quase tudo na compra de habitação, procurou minimizar o risco dos seus financiamentos. Uma casa era uma garantia segura. Mas, deste modo, faltou o capital de risco para as empresas que são, afinal, quem cria a verdadeira riqueza, impedindo a economia de crescer. Mas, aquele que parecia ser um investimento seguro da banca, nas casas para habitação própria, deixou de o ser, pelos motivos que todos conhecemos. E o País, além de ter ficado mais pobre por não ter crescido devido à falta de investimento reprodutivo, ainda se viu a braços com o colapso quase total do sistema bancário, que teve de suportar.

Veja-se a dimensão do erro que se cometeu nesta opção! Quem foram os responsáveis? Ninguém!

É, por estas e outras decisões sem preparação que, o nosso modo de vida é o que é e, as nossas expectativas se mantêm muito sombrias. Parece, até, mentira, este colapso do País. Governantes, segundo apregoam, altamente preparados, banqueiros que passaram pelas melhores universidades do mundo, sindicatos com um grande poder de análise, ninguém foi capaz de dizer que o Rei ia nu. Mas ia. E agora?

Agora, ao menos vamos esperar que tudo isto tenha servido de lição para que no futuro as coisas se façam de outro modo, com mais estudo, melhor planeamento, com mais larga visão e, sobretudo com mais respeito por quem tem de trabalhar para pagar essas incompetências.

Este governo errou na medida em que não foi capaz de olhar para a economia como um todo. Aliás, nem teve ministro da economia. A sua acção, tanto no caso do Dr. Álvaro Santos Pereira como, até, do Dr. Pires de Lima, foi subjugada, preterida, ostracizada nas suas iniciativas pelos todos poderosos e cegos ministros das finanças que tiveram uma visão, micro e não macro, da sua acção.

Está mais do que estudado, provado e comprovado o facto de que o estado gordo que temos é insustentável. Temos um estado patrão que paga mais do que recebe, que estende a mão cheia para todo o lado, tantas as solicitações vindas de todos os cantos. Para qualquer coisa...é o estado não faz, o estado não dá, o estado devia fazer, o estado devia dar...

Mas o que é que, afinal, o estado devia dar? O que é que o estado tem de seu, para dar? Nada, não tem nada! O estado apenas administra, o que nós contribuintes, lhe entregamos. Logo, quando o estado dá a uns, está tirando a outros e, normalmente, quando isso acontece, tira aos pequenos para dar aos grandes e, tira muito.

O estado tem que deixar de ser o Rei Mago, que tem sempre os camelos carregados de prendas para contentar alguns. O estado tem que emagrecer e, para isso, deve definir o âmbito da sua actuação. Não há outra maneira. O estado não pode ser bombardeado, digamos assim, com exigências financeiras vindas de todos os quadrantes, mesmo daqueles que estão aquém ou além da sua esfera natural de acção e, pior ainda, é que estas solicitações, que se tornaram obrigações, surgem quase inesperadamente, destruindo o equilíbrio necessário nas suas contas e, posteriormente, ainda, nas contas das famílias, chamadas, cada vez, a pagar mais.

Esta é uma situação insustentável e para lhe pôr cobro temos de, corajosamente, uma vez por todas, circunscrever as suas exclusivas obrigações. Só assim poderá planear, com eficácia, a sua acção governativa.

Não podemos ter um estado desligado da economia. É esta que deve determinar o estado que devemos ter. Já é tempo de entendermos isto. A economia permite entregar X ao estado e este não pode gastar X mais Y e, menos ainda quando este Y vai para além de um deficit aceitável das suas contas. O ideal será uma total ausência de deficit, já para não dizer que deve haver superavit.

Ouvem-se, constantemente, vozes a clamar por um estado mais empregador, que só com os empregos do estado se pode manter uma taxa normal de desemprego. Mas isso é uma falácia. O estado tem é que ajudar, e pode fazê-lo de muitas maneiras, a criar as condições para que as empresas possam trabalhar. Elas, é que têm de ser os ímanes que atraem a mão-de-obra, a põem a trabalhar e a criar riqueza que permita pagar os impostos, para que, por sua vez, o estado possa fazer face às suas despesas específicas.

O estado tem que ser sempre um empregador mas, numa dimensão justificada pelos seus serviços, não um empregador que se substitua ao sector privado. Não deve estar ligado a empresas, o seu sector empresarial deve albergar, apenas, aquelas empresas de que depende a soberania nacional e nada mais. O resto deve estar em mãos privadas, com a devida regulação.

Está visto que o estado não sabe gerir e nunca há-de saber enquanto a mentalidade dos gestores públicos for a que é. O património do estado não dói ao gestor, a sua responsabilidade é nula, os prejuízos nunca caem sobre a sua conta bancária ou sobre o seu património, como acontece no sector privado. E, quando assim é, nada funciona bem. Os gestores do estado não criam disciplina na sua força de trabalho, não querem problemas ao defender algo que não é seu. Por isso, essas empresas são tão pouco produtivas, falta nelas o exemplo de cima e a disciplina do topo até à base.

Os próprios trabalhadores sentem-se desmotivados e até revoltados, quando um qualquer gestor, desses sem responsabilidade e, por vezes, sem competência, ganha vinte ou trinta vezes mais do que o vencimento médio dos restantes. É imoral, é injusto e tem de terminar. Os senhores dos partidos políticos têm de começar a procurar empregos (não tachos) no verdadeiro mercado de trabalho, baseado na meritocracia e não na nomeação política.

O estado tem de começar, por aqui, a cortar as suas gorduras que, estão a envenenar o País mas, tem, ainda, muito mais para fazer. E não me venham com desculpas do desemprego. Este governo destruiu milhares de empresas, mandou para o desemprego muitos mais milhares e não ficou muito preocupado com isso. Um sector privado, respeitado e apoiado, solucionará esse problema. Basta-lhe, para tanto, ter um fisco amigo e uma banca colaborante. Digo um fisco amigo, no sentido de acarinhar as empresas e não de as destruir com aquela ganância cega para sacar o dinheiro que o estado, depois, esbanja na má gestão e, uma banca colaborante na óptica de obter um lucro produtivo e não um lucro especulativo.

Tantas coisas há a mudar que se me torna impossível, neste trabalho, enumerar todas. Ficar-me-ei por algumas que, espero, sejam suficientes para que se entenda onde quero chegar. Se o espírito do que escrevo for entendido, penso que será razão suficiente para que se deduza o resto. Vamos aos exemplos:

O estado é o pai de uma grande parte das maiores empresas portuguesas. Encostam- se a ele, vão buscar políticos para administradores, bem pagos, que isto de ganhar pouco não está na moda e, vão à conquista dos chorudos concursos estatais que, facilmente ganham. Como esses concursos geram mais- valias importantes, essas empresas crescem, dão mais uns prémios de desempenho aos gestores e a vida segue fácil.

Quando o estado, devido à sua má gestão, colapsa e o dinheiro escasseia, é normal ver essas empresas a arrastar-se sem mercado onde trabalhar. Aqui del-Rei, os salários estão em atraso!

A protecção do estado a estas empresas pode até parecer um gesto bem- intencionado de dar o trabalho a portugueses e não a estrangeiros, mas não é, porque os contratos são feitos por influência política; mal feitos e, normalmente, acabando sempre por exigir ajustamentos que influenciam drasticamente os valores iniciais. Além de que essas empresas protegidas, cá dentro, não lutam pela conquista de outros mercados. A vida corre-lhes bem, para quê ir à aventura? Esta simbiose que está identificada e à vista de todos, também tem de acabar!

Quantos serviços sem utilidade, haverá na administração pública, espalhados pelo País? Eu não sei e duvido que alguém saiba. E não se sabe porque não se quer saber. Compete ao governo identificar os serviços que não produzem e adaptá-los, produtivamente, ao todo produtivo. Porquê, nenhum governo, que aqui representa o estado, resolveu ou resolve estes desajustamentos que podem contribuir, de uma maneira importante para a eficiência da máquina administrativa e consequente abaixamento das suas despesas? Além destes serviços, outros há sem qualquer razão para a sua existência e de que também não se sabe a despesa inútil que representam. São os serviços duplicados, que apenas têm existência por terem vindo de trás, com um determinado quadro de pessoal, sem nada produzirem. Por que continuam assim?

Os serviços da máquina administrativa, apesar de terem sofrido algumas alterações que a melhoraram, ainda continuam muito pouco produtivos, quando os comparamos com os de administrações de outros países.

Há que substituir serviços, agilizando o seu desempenho e racionalizando os métodos de trabalho. Mas, casos há em que se passa precisamente o contrário: em vez de menos pessoas para fazer algo, há mais pessoas para fazer esse mesmo.

É o caso dos fiscais tributários. Qualquer dia há

um fiscal para cada contribuinte. Será que se justificam estas fiscalizações em massa, com os meios técnicos que o fisco, hoje, tem à sua disposição para um trabalho eficiente e produtivo? Eu acho que não! O que é preciso é alterar as matrizes.

Senhor ex-Primeiro-ministro Passos Coelho. O Senhor será, novamente, governo, não tenho dúvidas. Tome atenção a estas pequenas/grandes realidades e nunca mais dê tanto poder livre aos seus ministros das finanças. Não seja conivente com as suas escolas. O Senhor é o responsável, imponha o seu cunho, isto se o tiver, claro! Só a simpatia, a humildade e a honestidade, não chegam para fazer um bom governante!

O XXI GOVERNO CONSTITUCIONAL

O vigésimo primeiro Governo Constitucional, acaba de nascer, ainda não tem história de governação e, por isso, não o poderei começar a condenar, ou absolver, por esse prisma.

Começarei, assim, pela sua formação. Acarinhado à esquerda e contestado pela direita, partiu tabus atávicos da política portuguesa e conseguiu atingir a sua formação, suportada por quatro partidos, individualmente menos votados que os dois, seus opositores em coligação.

Até aqui sempre se tinha cumprido o ritual de ser o partido mais votado a formar o governo. Como esse partido, neste caso uma coligação, a mais votada, não conseguiu a maioria absoluta, precisava de um ou mais parceiros que complementassem a falta dos deputados para satisfazer a condição exigida para formar governo. Esse ou esses parceiros não foram encontrados e o princípio, até aqui vigente e observado, não teve continuidade.

Por união dos partidos da esquerda, a condição exigida para a formação de um governo de maioria dos deputados na Assembleia foi atingida.

Sem alternativas o Presidente da República, teve que passar por cima da regra do partido mais votado e dar posse a um governo formado pelos partidos menos votados mas que, no seu conjunto, formavam a maioria indispensável à nomeação do governo. Assim se quebrou a regra que imperava desde o 25 de Abril e no período democrático.

Não houve nem há, qualquer ilegalidade na formação deste governo, apenas, como disse, a superação do princípio, não obrigatório, da regra da maioria mais votada.

A solução do Presidente da República, vista no interesse do País, foi aquela que melhor o servia. Um país sem governo por uma sucessão de meses, seria, sempre, pior mal do que a posse de um governo, mesmo saído da não observação de uma regra sem fundamento jurídico: o partido menos votado, sobrepor-se ao mais votado no resultado eleitoral. Todos os votantes na coligação mais votada se sentiram defraudados nas suas expectativas e, mesmo algumas vozes do próprio PS, partido integrante maioritário, neste governo, se fizeram ouvir, mostrando o seu desagrado pela maneira como os seus votos foram aproveitados num governo que integrava e integra partidos hostis à maior parte das ideias que norteiam o próprio partido. Mas não podemos deixar de achar legítimo que todos os partidos com deputados eleitos democraticamente, possam fazer parte de um governo. Só assim se dará expressão à Democracia. É certo que, alguns desses partidos, têm uma ideologia e uma prática política que os afastam da maioria dos eleitores e daquilo em que acreditam.

Suponhamos, porém, que essas ideias, um destes dias, por qualquer razão, que não podemos, agora supor, conseguem, isoladamente, uma maioria de deputados, em eleições. Vai-se negar a sua legitimidade para formar um governo? Com certeza que não, não se pode nem deve, ir contra a lei vigente e, muito menos, contra a razão de ser da Democracia.

O que aconteceu agora, não é muito diferente disto. Esses partidos não tiveram uma maioria mas, contribuíram para ela e, quem a dirige é que tem de saber gerir a maioria conseguida nas suas variadas e básicas diferenças de posicionamento político. Os eleitores cá estão na expectativa, observando o que se passa para, no momento certo, ditarem a sua lei. Em Democracia tudo funciona a seu tempo. Acontece que as más opções políticas, assim como as económicas, criam problemas ao País e, consequentemente, a todos. E se este governo não der certo, com certeza irá contribuir para a criação desses problemas. Mas esse é o preço a pagar por termos criado uma norma no funcionamento das Instituições.

No princípio de todos os processos, estão as ideias criadas e aplicadas pelos homens. Depois serão, ou deverão ser, esses mesmos homens, responsabilizados pelas suas más opções, perante o povo, em Democracia e, pela Justiça, em caso de dolo. Como poderemos avaliar a acção governativa de alguns partidos se não lhes dermos uma oportunidade de a experimentarem?

Não será que, perante a realidade da governação, esses partidos que só protestam, vejam e sintam, então, que a sua prática deve ser suavizada com uma interpretação mais realista e conhecedora dos verdadeiros problemas a enfrentar por um governo? Se não conseguirem esta adaptação à mudança, serão eles próprios a recusar futuras oportunidades, auto excluindo-se dessa aventura. E não lhe faltarão desculpas para o fazer. Até o afirmarem que a Democracia é um sistema ingovernável.

Mas, ao contrário, se a conseguirem, quem ganha é a Democracia que, desse modo, recebe mais um conjunto de vozes para se fazerem ouvir, no sentido de atingir o melhor caminho para todos. Quantas mais vozes a falar no mesmo tom, maiores as possibilidades de se chegar ao mesmo objectivo, que será o melhor para o País e que é, afinal, o que se procura.

Este governo, tal como o anterior tem, pela frente, grandes desafios para enfrentar e vencer e, devido à sua promessa de seguir mais socialismo e menos capitalismo, maiores vão, ainda, ser as dificuldades a encontrar pelo caminho.

Já atrás disse que o anterior governo, no plano externo não tinha margem de manobra para fazer, então, muito diferente, ou mesmo nada diferente. Ao contrário, no plano interno, cometeu muitos erros dentro do que poderia fazer. É preciso, agora, que este governo não faça o contrário: políticas acertadas no plano interno e desacertadas no plano externo.

Esse mundo externo é muito sensível na defesa dos seus interesses e o mínimo deslize, numa resolução mal pensada que entre em conflito com aqueles interesses, não só gera revolta neles como põe todos os outros de sobreaviso e desconfiados. Todos sabemos que a desconfiança é a maior inimiga da credibilidade e nós, neste momento, devido à dependência que temos do crédito e investimento externo, para o equilíbrio das nossas contas e no desenvolvimento da economia, não podemos dar-nos ao luxo de fazer o que queremos. A sobrevivência não se perde dizendo que sim, mas quando se diz que não.

Estou a referir-me, concretamente, à questão da TAP e da concessão dos transportes rodoviários, Carris e STCP. O governo anterior teria feito mal em firmar esses contratos na altura em que o fez mas, com certeza que o fez com uma razão válida segundo o seu pensamento político/económico. E, também, devemos ter em conta que o fez dentro da, ainda, sua legitimidade, sendo esta tão legítima como a contrária do governo actual. Por que terá este governo, na sua opção, mais razão que o governo anterior? Não tem e, muito menos deve querer apropriar-se desse primado da razão absoluta. Só lhe fica mal.

Eu, como português, isento de ideias partidárias, analisando, na equidistância, os factos, não posso deixar de comungar mais com a acção do governo anterior do que com a deste. O sumidouro de dinheiro que essas empresas representam para o estado, tem que ter uma solução. É

certo que são transportes públicos mas, também
é certo que podem ser privados, libertando o
estado desses constantes e elevados encargos.
O argumento de que o privado não serve bem, é
desmentido pela realidade. O que não falta por
aí, são transportes privados, altamente eficien-
tes, o mesmo acontecendo com as companhias
aéreas, onde os privados vieram revolucionar as
viagens, com qualidade e preços imbatíveis pelas companhias de bandeira.

Nestas alienações são os contratos e o seu clau-
sulado que acautelam, ou não, os interesses do
País. Claro que se forem feitos como os das
parcerias público/privadas, sem dúvida serão
mais uns desastres mas, se não forem e não im-
possibilitarem uma regulação atenta, só trarão
benefícios a um país como o nosso que, não
pode dar-se ao luxo de gastar, aí, o que não
tem. Sabemos todos, as pressões que o orçamento de estado sofre cada ano com os desequilíbrios dessas contas de exploração e, sabemos também, o que nos custa, a todos, suportá-
los. Não se pode, apenas, falar nos gastos exagerados do estado, há que fazer tudo, o que puder ser feito, para dominar esses gastos, além
de outros locais, no sector empresarial do estado. Será menos gravoso aqui do que, no sistema
de saúde, nas pensões ou até, nos vencimentos
dos funcionários públicos.

Se o dinheiro chegasse para tudo, mesmo não sobrando, as escolhas não se colocavam com tanta acuidade mas, como não é esse o caso, elas têm de ser criteriosas e oportunas. O Governo saberá o que faz e eu não o que digo mas, o País está cheio de leigos que, tal como eu, não sabem o que se passa com as contas do estado e pensam, possivelmente, também como eu, mantendo expectativas e receios, além de andarem sempre com os bolsos vazios.

Para já, não vejo outras políticas que nos ponham em choque com o exterior, o que é, apesar de tudo um sinal, ainda, positivo. Mas, cercado como está, além fronteiras, este governo não tem muita margem para errar, nem que seja em poucas decisões. Ele tem que ser perfeito e estar sempre atento à realidade que o cerca. Pode ter muitas ideias, mas, terá de as escolher muito bem, antes da sua aplicação. Não é o governo, ou os seus mentores que estão em causa. Agora estão lá, amanhã podem não estar mas, mesmo não estando, ficam os resultados do seu trabalho e da sua boa, ou má governação. E se esta for má, é o País que, mais uma vez, sofre. Por isto, os governos, acima das suas ideologias ou pensamentos, devem observar, sempre, o que fazem àqueles que os elegeram e que neste governo nem foi o caso, porque nem foi eleito.

No plano interno, concordo com algumas medidas tomadas sobre disposições de que sempre fui um crítico acérrimo, embora sem voz. Há, contudo, para mim, nesta alternativa que, sem dúvida destrói injustiças, um ponto que me merece alguma reflexão. Refiro-me ao plano do Ministro das Finanças para suportar o aumento da despesa nele consignado.

Parece-me que o está fazendo sem a certeza do seu equilíbrio nas receitas. Ele parte de uma despesa certa, para rendimentos incertos. Fazer depender esse equilíbrio da variável consumo privado, acho que envolve um enorme risco de fracasso. Esta variável é demasiado aleatória para se saber, com antecedência, como se comporta.

Suponhamos que uma parte desse consumo vai para bens importados, em vez de cair nos bens caseiros. Neste caso, o consumo cresce com o aumento do rendimento disponível mas, vai aumentar a variável importações. Muitas outras combinações se poderiam utilizar para mostrar que a estabilização não é tão linear como se possa aferir do seu impacto teórico ou seja, sem dados concretos ou, pelo menos, visíveis a alguma distância. O Sr. Ministro terá afinado o seu modelo de estabilização de modo a garantir o seu sucesso mas, uma coisa é a teoria, outra é a realidade, que se compara a uma estrada com muitas curvas.

Suponhamos ainda que os Portugueses, devido à incerteza no futuro, resolvem trocar o consumo por poupança?

Continuemos a supor que o modelo falha, e pode falhar, levando a um desequilíbrio orçamental não aceitável. Como vai ser preenchido esse desequilíbrio que, certamente, será negativo?

Com recurso a impostos ou a endividamento?

Nenhuma das opções, como se sabe, é boa de pensar depois de tudo o que temos passado para equilibrar os orçamentos ou evitar os deficits excessivos, segundo o programa de estabilidade e crescimento. Será que Bruxelas dá um passo atrás e permite o seu incumprimento? Depois haverá, ainda, a conta externa que, igualmente, precisará de umas boas dentadas.

E, mesmo que assim seja, quanto vai custar, a mais, em juros, aos contribuintes?

De fora vêm muitas ajudas ao não cumprimento deste programa e são quase todas negativas para nós. Com o comportamento da economia mundial, aproxima-se, não um tornado mas, um furacão: a bolsa chinesa afunda-se, a economia entra em derrapagem; o preço do petróleo desce a níveis que comprometem a solvabilidade das economias produtoras, Rússia, Brasil, Venezuela, Angola e outros, que entram em recessão; o crescimento europeu está estagnado. O comércio mundial vai, certamente sentir estes efeitos, afectando drasticamente os países exportadores. E o governo Português, à revelia de tudo isto o que faz? Espera um crescimento das exportações para equilibrar o seu modelo de estabilização. Será isto bem pensado e trará os resultados equacionados? Só temos uma ajuda nas contas externas que é o baixo preço do petróleo.

Acho isto uma loucura. O Primeiro-ministro está deixando que os seus parceiros no governo destruam o que resta do equilíbrio e da estabilidade do País. Aprendizes de feiticeiro que, depois do colapso, sobem para a vassoura e voam do governo para fora, deixando «a maralha» com as calças na mão. O Primeiro-ministro parece uma pessoa inteligente; é um político experimentado e quer dar provas dessa capacidade. Eu não quero compreender as razões por que acha este plano viável. Oxalá seja ele a ter razão e não eu e todos os outros que vemos o horizonte desta maneira.

Portugal tem, nesta conjuntura, alguns trunfos, que pode aproveitar na captação de capital estrangeiro que, como se sabe, seria sobremaneira bem-vindo. Como os investidores vão abandonando as bolsas, irão procurar noutros locais as aplicações mais rentáveis para o seu dinheiro.

Nós temos algumas condições que nos permitem captar uma grande parte desse capital, tais como: mão-de-obra classificada, salários ainda baixos em relação ao mundo desenvolvido; muitos projectos, para desenvolver na indústria, nas pescas, na agricultura, na energia, na reciclagem do imobiliário e outros. Somos hospitaleiros, temos um país, ainda, seguro, convivemos bem com todos os povos, falamos línguas, etc, etc.

Temos todas estas vantagens mas, faltam-nos outras e, nesse campo não vejo o governo a equacionar nada. Um dos indicadores mais pertinentes para qualquer investidor é a confiança na governação do País onde quer investir. E neste campo, o governo não só não está a fazer nada, como ainda destrói a credibilidade que o país tem. Os casos de que falei atrás da T.A.P. e dos transportes rodoviários, do Novo Banco, do Banif, a arrastarem-se pelos tribunais internacionais que imagem irão dar do País? Sei que são casos complexos mas, que apesar disso, devem ser solucionados de modo a dar aos investidores a confiança de que precisam para investir em Portugal. Este é o primeiro dos pensamentos a pôr em prática; o resto acaba por ser menos importante.

Temos de colocar-nos na pele desses investidores e olhar para o espectáculo dos revoltados devido às nossas decisões e, decidir o que faríamos no seu lugar. Íamos, pura e simplesmente, colocar o nosso dinheiro noutro local, que nos parecesse mais seguro. Era o que faríamos e eles farão a mesma coisa, a não ser que comecemos e continuemos a trabalhar no sentido de alterarmos o juízo que fazem de nós, enquanto País. Além destes entraves que podiam ter sido evitados, temos ainda outros que é preciso eliminar: a morosidade e prática da justiça, os licenciamentos, a previsibilidade fiscal, etc. Aqui é que o governo deve fixar a sua acção imediata porque, daqui depende o seu sucesso ou o seu fracasso, arrastando igualmente o País numa dessas direcções.

Há, ainda, outros aspectos muito importantes na decisão dos investidores: eles confrontam-se com um governo formado com partidos de extrema esquerda, cuja ideologia política não se coaduna, nem pouco, nem nada , com a do capital. Também aqui é preciso dar um sinal de mudança e de pragmatismo na acção desses partidos, de modo a mostrar que não são nenhuns papões que ainda comem criancinhas, o que, até agora não têm sido feito.

O capital é, actualmente, o factor mais volátil da realidade mundial e alguns governos parecem não ter, ainda, tomado consciência dessa característica. Contribuíram para o seu desmesurado poder e agora têm de o enfrentar numa luta desigual, onde são o contendor mais fraco. A batalha com as crises está a ser perdida pelos governos e ganha por aquele guerreiro virtual que morre aqui e ressuscita ali.

Este «bicho», é poderoso, é furtivo, é indomável, é rápido, é inteligente, é agressivo, é volátil, é monopolista, é necessário e é perigoso. Como se vence um monstro destes? Será o governo do Dr. António Costa a enfrentá-lo com êxito, domando-o e subjugando-o à sua isolada vontade? Não me parece! E, quando os ventos fortes começarem a soprar é que, tardiamente, irá acordar e vergar-se ao seu, presente, domínio. Agora mais vale colaborar com ele do que desafiá-lo. É como se faz para conquistar a meiguice de um gato selvagem: dar-lhe comida e fazer-lhe muitas festinhas no pêlo.

Portugal que precisa de capital para tudo, incluindo a sua sobrevivência, como pode ter a ousadia de o questionar e enfrentar? Ele não precisa de nós, tem muitos braços abertos à sua espera, desde as dívidas soberanas dos países ricos, aos investimentos em países emergentes ou até na especulação imobiliária ou outra. Ele cabe em todos os lugares, grandes ou pequenos, civilizados ou não. Se hoje está em Portugal, cinco minutos depois, para não dizer ainda menos, pode estar no outro extremo do mundo.

Vou parar, por aqui, com este tema, não quero ser negativo e, assim, sem fazer parte da luta do governo, assistir a mais uma intervenção dos organismos externos e por isso, rezo a todos os santos para que tudo dê certo e nos livre, finalmente, do pesadelo que há anos enfrentamos. Mas gostaria de estar mais confiante nesse final feliz.

A LONGEVIDADE DESTE GOVERNO

Uns vaticinam-lhe seis meses; outros garantem que durará a legislatura. Eu não estou tão certo de uma coisa nem de outra e isto, porque só uma das duas pode acontecer.

Vou supor que sou o Primeiro-ministro António Costa e que quero continuar a sê-lo, independentemente das convulsões do Governo. Se eu sentir que o Governo pode durar, apenas, os tais seis meses, vou enveredar por uma política expansionista e até populista, satisfazendo todas ou, quase todas, as expectativas dos eleitores e dar-lhes os motivos para votarem em mim, nessas eleições antecipadas, por saberem que eu é que sou o Primeiro-ministro confiável e capaz de criar alternativas. Ao mesmo tempo satisfaço algumas das reivindicações dos partidos, meus parceiros deste Governo e consequentemente, também, dos seus eleitorados. Deste modo farei, não o pleno, mas uma boa soma da esquerda, aliada a outra soma relativa da direita, que me podem dar uma maioria absoluta. Depois, com quatro anos de governo pela frente, terei todo o tempo de compensar os desvios despesistas feitos agora. Só tenho que ir negociando com Bruxelas.

Agora vou equacionar o cenário de o Governo durar toda a legislatura.

Para que isso aconteça, tenho de ceder à maior parte das exigências dos meus parceiros, porque se não cedo, o Governo cai, mas este é o cenário em que aguenta os quatro anos. Como os outros partidos têm de contentar os seus eleitorados, que são a razão de ser da sua existência, as reivindicações não vão parar, a não ser que o seu ódio à Direita seja tanto, que os leve a engolir alguns sapinhos vivos e levem a exigência a níveis suportáveis numa governação mais equilibrada. Neste caso eu serei um Primeiro-ministro dialogante, é certo, mas senhor do meu Governo. Deste e por que não do próximo, que pode, até, ser equacionado com outras formas de compromisso.

Mas, pode ainda acontecer outro cenário que é o Governo durar a legislatura e não mais, por vontade minha e, ou, das outras partes.

Se for de minha vontade, poderei sempre encarar as eleições, dizendo que não fiz mais e melhor porque estava atado ao compromisso com os meus parceiros, que não me deixaram fazer o que devia, tendo de estabelecer, continuamente acordos para tudo, o que me retirava o poder de impor, racionalmente, a minha vontade e fazer melhor.

Por isso desfiz a aliança e aqui estou a pedir a todos que me mandatem, agora, com uma maioria absoluta para que, eu possa, finalmente, colocar o País nos eixos e enfrentar o futuro com aquela confiança que eu vos dou. Lembram-se do que fiz? Agora poderei fazer ainda mais e melhor. Estamos a passos de um País mais justo para todos.

Em qualquer destes dois cenários, as coisas podem, contudo, não ser tão lineares e correr-me mal. Se for eu a quebrar a aliança, o eleitorado desses partidos, ex-parceiros, deixarão de votar em mim e eu sozinho com o P.S. não consegui-

rei uma maioria absoluta. Restar-me-á uma coligação com o P.S.D. ou com o C.D.S., para
poder continuar como Primeiro-Ministro. Mas
será que esses partidos aceitam esse papel?
Sem dúvida que não, mesmo que eu aplique
toda a minha capacidade de negociador.

Se forem os outros partidos a abandonar a geringonça, as coisas não mudam e os votos dessa
esquerda não entrarão na minha urna. Continuará a restar-me um acordo à Direita mas, além
das dúvidas dos partidos aceitarem, tenho ainda
a dúvida dos seus eleitorados, por se terem sentido defraudados nas últimas eleições.

Vou ficar isolado com os votos do P.S. e, possivelmente, nem todos. Não tenho a vida fácil!

Para continuar a ser Primeiro-Ministro, acho
que só me resta aguentar a geringonça até que
ela arranje pernas de betão!

JOSÉ MARTINS GAGO

PARTE II

OUTRAS INSTITUIÇÕES

A Organização Política Portuguesa, assenta num conjunto de Instituições que asseguram o funcionamento do Estado.

Algumas delas são órgãos de soberania: o Governo, o Presidente da República, A Assembleia da República e os Tribunais.

Outras, não sendo órgãos de soberania, desempenham ainda uma função importante no mesmo funcionamento do Estado.

Umas porque o podem influenciar, outras porque participam com a sua acção indirecta na constituição do governo e, outras, ainda, porque têm uma palavra a dizer na economia.

Todas são importantes no conjunto e, como tal, devem observar atentamente o seu desempenho e, sobretudo o seu comportamento na prossecução dos seus objectivos.

Todas as instituições que gravitam na orla do Governo e que influenciam, ou podem influenciar a sua ou, as suas políticas, devem prosseguir o Bem Comum.

E, por que assim é, não posso deixar de me debruçar sobre algumas, cuja acção se desvia, por vezes, desta finalidade.

Já analisei XX e o XXI, governos constitucionais, vou continuar com:

O PRESIDENTE DA REPÚBLICA

O Presidente da República é, talvez, a mais mal amada figura do Estado.

Se tudo está bem, o mérito é dos partidos que governam; se, pelo contrário, tudo está mal, a culpa e a responsabilidade é sempre do Presidente da Republica.

Os nossos Presidentes democráticos, têm exercido as suas magistraturas, durante os dois mandatos permitidos pela lei eleitoral. Foram, portanto, sujeitos a dois escrutínios directos e eleitos pela maioria dos cidadãos eleitores mas, nem assim, certas vozes respeitam esse princípio democrático, nem tampouco o cidadão que veste aquela pele durante o exercício do seu ou, dos seus mandatos.

Eleitos por uma tendência política, há sempre outra ou, outras tendências que ficam fora da escolha, do candidato ganhador, pelos votantes e, são normalmente essas vozes que se erguem, exigindo a execução dos seus interesses políticos, numa espécie de vingança por terem perdido a eleição.

Algumas exigências são verdadeiros disparates, por não terem em conta as específicas funções do Chefe de Estado.

No nosso sistema semipresidencialista quem recebe o mandato para governar é o Governo que foi, igualmente, eleito, não por sufrágio directo mas, com igual representatividade pelos deputados vencedores da eleição legislativa, livre e democrática.

É certo que o Presidente da Republica tem o poder de dissolver o Parlamento mas, também tem a prerrogativa de o usar, apenas e quando, na sua consciência para com todos os Portugueses, encontrar alguma razão insubstituível para o fazer.

Quem exige, por exemplo, a demissão do Governo é a oposição, a parte dos candidatos que perderam a eleição e, quando fazem esta exigência estão desprezando a vontade da maioria que elegeu esse Presidente, na tentativa de impor a sua razão arbitral de derrotados, aos vencedores.

Mas, o Presidente da Republica não está lá para dissolver Parlamentos e derrubar governos. Esse deverá ser, sempre, o último gesto da sua afirmação. Até lá tem muito que fazer, tanto que não deve ser importunado com vontades que se queiram sobrepor à sua.

A sua função primeira, é estabelecer equilíbrios e não provocar desequilíbrios, é procurar consensos e não impedi-los, é pensar em todos os Portugueses e não, apenas, em alguns. É, em suma, colocar-se e ali permanecer, num plano acima e equidistante de todos. E, porque assim é, não pode ceder a pressões parciais, venham elas de onde vierem. A única pressão a que pode e deve ceder, é ao imperativo do que achar melhor para a Nação e para o País que representa.

Até agora, nenhum dos nossos Presidentes foi ou, se transformou numa pessoa inapta para desempenhar a missão para que foi, democraticamente, eleito em duas eleições. Não podemos, portanto, acusar qualquer deles de, no segundo mandato, ter sido uma pessoa diferente do primeiro, desprezando os seus deveres e os princípios que levaram os eleitores a votar neles as duas vezes.

Mas este movimento antidemocrático é egoísta e, à custa de muito falar, consegue criar nas pessoas, algumas pessoas, a concordância com as suas teses, transmitidas à revelia de todo o respeito pelos outros, incluindo a de que, no final do seu último mandato, os Presidentes que serviram o País durante dez anos, sejam quase desprezados.

Pessoalmente, discordo destas actuações e acho que nem tudo se deve permitir à política. Esta tem de saber honrar compromissos e respeitar aqueles que votam, todos e, não só os que o fazem no seu partido. A Democracia tem de ser observada por todos, para todos e não por alguns, apenas para si próprios e para as suas ideias.

A arma reivindicativa da Democracia é o voto e é no lugar próprio, na mesa de voto, que se deve exercer essa reivindicação e não depois do acto livremente consumado. Este procedimento é algo que a voz dos Portugueses, especialmente aqueles que o dizem a coberto dos tectos políticos, tem que calar, não só porque desrespeitam a Democracia, que dizem acima de tudo defender como, também, para que a sua linguagem sirva de bom exemplo àqueles que, na falta de linguagem própria, usam aquela. Também, por aqui, configuraremos um País mais bonito!

Eu, até agora, nunca me senti atingido por qualquer decisão Presidencial do período democrático. Mesmo que certas coisas eu as pudesse ter feito diferentes, nem por isso deixei de compreender que cada pessoa tem direito a pensar diferente dos outros. É isto a Democracia. Até agora o País teve quatro Presidentes e se analisarmos os seus comportamentos verificaremos que:

Ramalho Eanes, exerceu o seu mandato, num período revolucionário, com pouca estabilidade política. Foi sempre um Presidente actuante: governos de iniciativa presidencial, convulsões com Sá Carneiro, com Mário Soares, com Balsemão. Uma dissolução da Assembleia da República. Foi, sem dúvida, o mais interventivo de todos os Presidentes, contudo creio que, não por imposições descabidas mas, porque as convulsões daquele período o obrigaram a isso.

Mário Soares, não dissolveu o Parlamento mas, nunca se calava, interferindo ou, pelo menos, procurando condicionar a acção governativa, principalmente no segundo mandato, quando não largava Cavaco Silva, fazendo uma oposição sistemática ao Governo, mais parecendo um Presidente presidencialista. Perdeu credibilidade na sua oposição, pois que se o Governo era tão mau, porque não o demitiu? Foi apenas conversa fiada, numa tentativa de afirmação política que o seu PS não tinha, tentando denegrir Cavaco Silva, sem desafiar frontalmente a sua maioria absoluta.

Jorge Sampaio, sem mostrar grande apetência para intervenções sistemáticas, como Mário Soares, acabaria por demitir Santana Lopes e dissolver a Assembleia. As eleições seguintes seriam ganhas por José Sócrates com maioria absoluta e, a partir daí, o Presidente mais não foi que uma figura decorativa.

Cavaco Silva, não foi muito diferente de Jorge Sampaio; muito conciliador e pouco interventivo. Condenado, primeiro, pela direita por não demitir José Sócrates, quando se viu que a sua governação levava o País ao «charco» e, depois pela esquerda por não ter feito o mesmo com Passos Coelho. Como seria de esperar não fez a vontade a nenhuma das partes, preferindo não enfrentar ninguém, por não saber, verdadeiramente, o que viria depois. Foi pela certeza da estabilidade existente em detrimento da incógnita futura e eu, dou-lhe razão.

Demitir, primeiro, José Sócrates, iria desencadear toda a fúria da esquerda que achava o Primeiro-ministro um super-político que galvanizava todos os anseios dessa esquerda que, finalmente, tinha alguém capaz de unir o partido e colocá-lo no poder, sem saber o que viria depois e que possivelmente seria uma nova maioria, porque o ganhar das eleições estava assegurado.

E, se assim fosse, qual a saída do Presidente?

Se, posteriormente, demitisse Passos Coelho, aconteceria o mesmo com a direita e ele ficaria ostracizado, agora pelo outro lado, a direita. Ele ainda tentou que o PS fizesse um acordo com o PSD quando da irrevogabilidade de Paulo Portas e deu-lhe todas as chances para alterar a governação, tendo sido o PS que não aceitou as propostas (Um grande erro de José Seguro). Como a coligação conseguiu uma estabilidade com o novo arranjo de parceria, o PS perdeu a oportunidade de eleições antecipadas que, então, lhe teriam dado a vitória, possivelmente, com maioria absoluta. A partir daí, o Presidente acalmou e penso que bem. Havia estabilidade, porquê arriscar uma instabilidade no momento que o País, intervencionado, vivia?

Depois veio o governo de António Costa, formado à revelia de tudo o que se esperava. Para a direita, não devia ter sido empossado. Para a esquerda, era o resultado das eleições segundo os mandatos obtidos pela maioria dos partidos que o constituíam.

Que ia fazer, Cavaco? Diferente do que fez? Um Governo de maioria Presidencial? Não dar posse e deixar o País suspenso uma porção de meses sem governo? Fez o que devia ter feito, embora contrariado por ter de renegar o princípio do partido mais votado em eleições livres. Não tinha outro caminho e não deve, por isso, ser condenado.

Foi o Presidente com mais ganhos políticos e que acabou como o mais desprezado pelos Portugueses. Chega a ser doloroso ouvir as pessoas a dizer mal de qualquer das suas actuações, tudo o que diz ou faz, é mal dito e mal feito. Já lhe tinha acontecido o mesmo no final do seu segundo mandato como Primeiro-Ministro.

E, tudo começou, não pela sua acção política, enquanto Presidente mas, enquanto cidadão, ao manifestar-se acerca da sua reforma. Não teve engenho e abordou o facto como um simples funcionário público, a lutar pela sua segurança na velhice. Disse o que todos pensam, e nunca foi perdoado por isso, acabando por terminar o seu último mandato como o mais mal-amado de todos os Presidentes.

A ASSEMBLEIA DA REPÚBLICA

A Assembleia da República, ou Parlamento, como queiramos chamar-lhe, é um dos quatro órgãos de Soberania do País. É ali que se fazem representar todos os cidadãos Portugueses, por intermédio do seu voto. É pelo voto que o Povo elege os seus representantes, na Assembleia, os deputados. E a sua composição reflecte, em cada legislatura, o resultado das eleições que a iniciaram.

No fim da contagem dos votos, nas eleições legislativas, cada partido político, forma a sua bancada com os deputados eleitos, livre e democraticamente, pelos cidadãos eleitores que, segundo as suas preferências, dão maior número de votos ao partido que acham ser o melhor para governar o País e, menos votos àqueles cujos programas se afastam daquelas escolhas.

Muitas vezes, alguns partidos, duvidando da

sua completa aceitação, pelo eleitorado, formam alianças pré-eleitorais com o intuito de ganhar na votação conjunta. Outras vezes, ainda, fazem arranjos pós-eleitorais para, com eles, atingirem o número de deputados necessários à formação do governo, ou seja, uma maioria, considerada acima de metade dos deputados, mais um. A nossa Assembleia tem 230 deputados, logo uma maioria será acima de 116.

Já assistimos, em Portugal à observância destes dois caminhos. E, no primeiro, se uma aliança pré-eleitoral não consegue aquele número de deputados que lhe permita, automaticamente, formar governo, terá de procurar, no segundo caminho, essa possibilidade. Vai, então, tentar um acordo mais alargado, com outra ou outras forças políticas para, assim obter o número de deputados em falta, para atingir a maioria indispensável à formação do governo. Os dois procedimentos estão contemplados na lei fundamental e, como tal, aceites normalmente, pelos cidadãos.

Mas, há aqui uma condição, que sempre foi observada, a de que compete ao partido mais votado, ou seja, que tenha obtido, do eleitorado, o maior número de votos, formar esse governo. Aconteceu sempre assim, talvez, porque outros caminhos não se justificaram. Contudo, podiam ter sido procurados e criados arranjos diferentes dos automaticamente utilizados. A questão aqui, não é tão simples como à primeira vista parece, não no aspecto formal mas, no psicológico.

Os cidadãos, na altura da votação, não conseguiam prever outro, ou outros cenários, além daquele a que estavam vinculados pelo hábito e, quando são confrontados com uma solução diferente, sentem-se descontentes e traídos. Foi o que aconteceu nas passadas eleições em que os partidos mais votados em coligação, não tendo obtido o número de deputados suficientes no acto eleitoral, para formar governo e, não tendo conseguido um arranjo posterior que lhe permitisse uma maioria, foram preteridos na formação do governo.

Significa isto que, ser a força mais votada, sendo uma condição necessária, não é, contudo, uma condição suficiente para chegar ao governo. À força mais votada sobrepõe-se a outra condição, que é ter, ou arranjar, o número de deputados exigido para formar um governo. Neste caso concreto, quem arregimentou esse imprescindível número de deputados, foi o conjunto dos partidos menos votados, numa aliança pós-eleitoral. Tudo legítimo, tudo honesto, do ponto de vista da legalidade eleitoral mas, mal aceite pelos eleitores do partido mais votado, neste caso uma coligação pré-eleitoral de dois partidos que deste modo se vêem afastados de um poder que, legitimamente, ganharam nas eleições e, ainda, e também, por eleitores dos outros partidos, incluindo aqueles que formaram o próprio governo, que não se revêm naquele arranjo alargado e utilizado pela primeira vez.

Apesar de tudo, não me parece que estes eleitores tenham razão. Eles só não equacionaram esta solução como uma possibilidade. Ela é aceite pela Constituição que temos, por isso não pode ser ostracizada pelos eleitores, desatentos das opções consignadas na lei. Dirão, e dizem, mas se nós soubéssemos deste arranjo contra-natura, teríamos votado de maneira diferente. Não se contesta essa verdade mas, é uma verdade tardia, que devia ter sido equacionada pelos eleitores, agora descontentes, antes das eleições e não depois. «E se acontecer isto?» «Não podemos arriscar, à cautela vamos votar assim». Era o que deviam ter pensado e feito. Não o pensaram nem o fizeram, depois ficou tarde para emendar.

Ficar-lhes-á, contudo, a opinião da sua consciência, em condenar ou absolver quem os defraudou. Se absolverem, o facto será esquecido; se condenarem, poderão guardar a vingança para quando a oportunidade surgir e ela, certamente, irá aparecer se, todas essas pessoas, que são muitas, acharem que a vingança se deve servir fria, bem fresquinha.

Mas, pode ainda acontecer que a memória política seja curta e que perante o recebimento das benesses do poder e a acção de um governo competente, coisa a que os Portugueses não estão habituados, tudo seja perdoado e esquecido.

Este Governo não tem, tal como os outros, uma tarefa fácil no êxito da governação mas, não é difícil, pelo menos, fazer melhor do que o anterior. Não digo no plano externo, porque aí as balizas estão apertadas mas, na frente interna, na política caseira, tantos foram os erros cometidos que só não fará melhor, quem for ainda pior do que os anteriores empossados em alguns cargos, incluindo e, sobretudo, ministeriais.

Tudo, terá de ser criteriosamente medido, as variáveis macroeconómicas numa concertação permanente, sem ceder a tentações populistas ou mal estudadas. Se este Governo enveredar pelo populismo, imediato, na tentativa de ganhar as próximas eleições, a factura política aparecerá na legislatura seguinte, com um peso, com certeza, muito maior. Se enveredar por um caminho aceitável e rigoroso, poderá, aí sim, ganhar as próximas eleições mas, mesmo que as não ganhe, ganhará, sem sombra de dúvida, o respeito da Nação. Só a ele compete pegar na balança e escolher o prato que melhor encha a sua consciência. A escolha é fácil de fazer, entre um Governo e um País, eu não teria dúvidas!

A questão do arranjo deste governo, se está, por agora, arrumada, penso que teremos de procurar uma nova fórmula para evitar a repetição desta, no futuro. Se, como disse, nada foi feito ilegalmente, haverá tantas formas de evitar o descontentamento de metade da população que, não devemos cometer o erro de não solucionarmos, a contento de todos, o caso.

Eu, atrever-me-ia a propor uma solução, sem deixar de admitir outras, mais completas, mais eficazes, mais justas e mais abrangentes. É de simples aplicação e fácil compreensão por todos, dirigentes e dirigidos, governantes e governados, com excepção dos, sempre, descontentes e revoltados.

Quando, após uma eleição legislativa, o quadro eleitoral não permitir que o partido mais votado possa formar governo e não consiga, posteriormente, fazer coligações com um ou mais partidos, que lhe permitam a formação desse governo estável, permitir que esse partido governe em maioria, com ou sem bónus, durante um período de 2 anos. Passado esse tempo, seriam convocadas novas eleições, já com o eleitorado mais consciente e preparado para discernir dos entraves que se podem pôr à formação dos novos governos.

Esta solução traria algumas vantagens, a saber:

-Legitimaria a força política mais votada.

-Não atrasaria a formação de um novo governo

-Daria tempo para o governo, nessa meia legislatura, mostrar aos eleitores o seu mérito ou o seu demérito.

-Permitiria à oposição, novos argumentos para apresentar nas eleições seguintes.

- Dava aos eleitores, outra consciência do acto eleitoral, tornando-o, possivelmente, mais participado e mais objectivo.

Penso que, deste modo, todo o processo se simplificaria, obrigando governo e oposição a puxarem pelo engenho para melhor servirem o País, transformando essas mini legislativas num intervalo de novas ideias e, consequentemente de uma melhor formação, não só nesse presente como, também, no seu futuro.

Não sou dirigente partidário, nem sequer deputado, sou apenas esta voz ousada que soa no anonimato político, curta, portanto, para se fazer ouvir. Compete, assim, aos primeiros, pensar no assunto e, em conjunto, criarem uma solução que evite, futuramente, uma divisão política, acentuada, da população nacional. Como todos conhecem o funcionamento do Parlamento, com os seus acalorados debates de ideias e de ideologias, não vou substituir tantas maneiras de pensar, pelas minhas. Ali é o palco da Democracia Institucional, ali se decide!

Só a Assembleia é soberana para decidir. Esperamos, todos, que se acabe com estes espectáculos, deprimentes, inconclusivos e divisores do País. Tudo conta para deixarmos de ser

PORTUGAL

Um

PIG-COUNTRY

PARTE III

OS PARTIDOS POLÍTICOS

A Democracia, tal como a conhecemos, tem a sua base nos partidos políticos. É neles que se cristalizam as tendências do pensamento político que, uma vez definido, levará à sua unidade. É esta unidade que dá ao partido a sua coesão e, consequentemente, a sua força. Sem estas duas componentes o partido não se conseguiria afirmar na cena política.

Num partido, débil ou forte, é preciso que todos os seus membros, dirigentes e seguidores, falem a uma só voz e ajam numa só acção. Não se entenderia uma força política, onde cada um pensasse e agisse de forma diferente dos outros.

Porque as tendências são várias, nascem os diferentes partidos políticos. Cada democrata escolhe o seu ninho, aquele espaço de ideias, com as quais se sente identificado. A Democracia é, assim, o conjunto de todos esses ninhos onde cada pássaro faz ouvir o seu cante, debitando notas que serão diferentes de cada um dos outros ninhos. Cada ser humano, na sua individualidade, pensa por si, não sei se é uma qualidade inata ou, se é fruto do seu contacto com a diversidade social, acabando, pelo seu sentido crítico, por escolher o seu caminho político. Seja como for, o certo é que as pessoas são diferentes na sua escolha dentro do espectro das ideias políticas manifestadas, na prática, pelos partidos políticos.

Mas, isto não quer dizer que este espectro político-partidário ofereça sempre um conjunto de ideias que aglutinem todas as hipotéticas manifestações políticas dos cidadãos a que se destinam. A diversidade dessas ideias será sempre mais vasta que as oferecidas pelos partidos, o que leva a que muitos desses cidadãos não se identifiquem com nenhuma delas. Nestes casos ou abdicam das sua ideias próprias e se juntam à do partido que mais se aproxima da sua maneira de pensar ou, então, ficam de fora da participação política.

A sua voz individual, não terá, assim, possibilidade de se fazer ouvir, mesmo na escolha democrática, o que significa que a Democracia não pode chegar a todos. Haverá, sempre, descontentes, ou seja, outsiders do sistema.

Actualmente, assistimos a uma cada vez maior pulverização de partidos políticos, na procura de absorverem, cada vez, mais simpatizantes das suas ideias e das suas causas. Muitas são ideias novas, que tentam chegar àquela franja dos marginais e chamá-los à participação política. Não sei quantos partidos políticos seriam necessários para absorver todo o universo das ideias dos Portugueses mas, fossem quantos

112

fossem, penso que a Democracia só teria a ganhar com isso. Muitos, com a hipótese de confrontação efectiva das suas ideias com as dos outros, até poderiam, voluntariamente, abdicar do seu caminho isolado e seguir por outro, engrossando esse conjunto já definido. Seria um acto consciente e voluntário, dentro do espectro total, onde as ideias se poderiam, então, confrontar. E, seria esta a grande diferença entre esse hipotético tempo e o actual onde não cabem todas as escolhas. Penso não errar, quando afirmo que, perante essa possível confrontação democrática de todas as ideias, muitos acabariam por abdicar da sua e seguir outra a que se adaptassem menos isoladamente. No final, o conjunto alargado das ideias sofreria um ajustamento e estruturar-se-ia com continuidade e segurança, num conjunto mais reduzido de ideias que simplificaria a escolha em eleições, ao mesmo tempo que aumentava a participação política e diminuía a abstenção.

Porque a mudança pode seguir neste sentido, não devemos ficar preocupados com o surgimento de novos partidos nos tempos vindouros. Serão eles que no futuro, irão, como disse, estruturar o panorama partidário de uma maneira mais consciente e participativa. Quando se quer subir uma montanha, por entre as suas saliências rochosas, muitas vezes, o montanhista tem

113

de descer primeiro para voltar, depois, a subir. Para se atingir qualquer objectivo, os caminhos são sempre difíceis de percorrer, precisam de tempo de espera pelas oportunidades. O mesmo se passa com o crescimento político dos povos, incluindo o Português, que é, aqui, o que nos interessa.

Mas não é só de tempo de espera que precisamos, precisamos também, que os partidos existentes assumam novas normas de conduta para que os cidadãos se revejam neles, na sua prática e, se tornem mais participativos. Esses novos comportamentos levariam a que as novas vozes tivessem menos eco na mudança e diminuíssem a necessidade da sua participação.

Como está, é que está mal. A abstenção dos eleitores, cada vez é maior, as escolhas já não são democráticas, porque o maior partido, o abstencionista, não vota. E se, o retrato político não mudar, o dia chegará, em que as urnas deixarão de ser procuradas no dia das eleições e, a Democracia, tal como a conhecemos, deixará de existir.

E de quem é a culpa se, e quando, isto acontecer? Os partidos políticos actuais saberão ilaccionar a sua! Espero que saibam olhar para trás e, numa introspecção honesta e profunda, consigam vislumbrar, no nevoeiro da sua prepotência e egoísmo, que seguiram uma estrada errada, para o objectivo certo, com comportamentos pouco recomendáveis. Na luta partidária que travam em nome do Povo, que juram defender, mais não fazem do que desprezar esse Povo. Só procuram a sua suprema ideologia, a defesa da sua sobrevivência política e a conquista do poder que lhes possibilita as duas anteriores. Todos querem o poder e, de todas as manigâncias se servem para o obter.

A mim, o poder assusta, porque poria em dúvida a minha capacidade para o exercer cabalmente, a bem de todos. Teria medo de errar e, mesmo não tendo medo de ser desonesto ou irresponsável, que nunca o seria, o não conseguir um desempenho total, seria motivo, para mim, de uma preocupação sem limites.

Ao contrário do que eu sinto, o que vejo é gente a mentir descaradamente, gente a prometer aos incautos o que, muitas vezes, sabem não poder cumprir ou, se não sabem, são ignorantes da realidade que vão enfrentar. De um modo, ou de outro, é gente que não é de fiar e que, apenas quer o poder, que domina. Não perdem o sono e têm, sempre, na manga, mais um trunfo que dê continuidade ao seu egoísmo e incompetência, para não dizer, desonestidade. E são os partidos que dão cobertura a estas pessoas que foram, o fruto das suas escolhas para os representarem.

E, quando assim é, uma de duas coisas acontece: ou não têm clarividência para escolher, ou escolheram alguém que só lhes permite a vitória nas eleições. O que é preciso é o partido ser ganhador, mesmo que o País perca. Aqui, há qualquer coisa que eu não consigo entender muito bem: se os partidos querem ganhar para impor as suas ideias que, honestamente, julgam ser as melhores para a governação, mesmo que, depois, os erros se acumulem e os desastres surjam ou, se querem o poder para, pura e simplesmente, poderem distribuir pelos seus membros, as benesses da governação que, acabam, sempre, sendo muitas e apetecíveis?

Não quero ser juiz nesta dualidade; deixo aos leitores o papel de jurados no veredicto.

Tenho estado a opinar sobre os partidos em geral, porque não vejo os seus objectivos muito diferentes uns dos outros mas, acho que uma análise pormenorizada da sua prática individual, completará a minha opinião sobre o seu comportamento. Não quero, aqui, armar-me em campeão da verdade, fazendo parecer que a minha voz é mais alta do que as outras ou, que o meu olhar é mais penetrante e minucioso que os demais. Não, eu quero, apenas, como cidadão, expressar o meu ponto de vista sobre o panorama político que me afecta, assim como à maioria dos Portugueses.

Se estas palavras forem lidas e tiverem eco, valeram a pena, caso contrário, peço desculpa pela ousadia de as ter escrito. Mas, só aceito a recusa do Povo, não dos interesses instalados! Começarei a analisar os partidos por ordem decrescente da votação recebida nas últimas eleições, obviamente, legislativas.

O P.S.D. – PARTIDO SOCIAL DEMOCRATA

O PSD, independentemente da sua acção nos governos, isso já foi julgado no capítulo próprio como governo, é um partido que procura situar-se na ideologia Social-Democrata, praticada nos países do norte da Europa.

Foi constituído em 6 de Maio de 1974, então como P.P.D. e alterado para P.S.D. em 3 de Outubro de 1976.

A Social-Democracia, naqueles países, tinha já um longo historial de aplicações, consagrando na sua doutrina a prossecução da economia de mercado, supervisionada, embora, por um estado fortemente regulador e um sector público que garantia o estado social. Nascida, da não aceitação do Socialismo Revolucionário que propunha a nacionalização de todo o processo produtivo, por um corte radical e violento com o Capitalismo, com vista à implantação de um domínio do Proletariado, a Social-Democracia, advogava que o capitalismo podia ser modificado gradualmente, evitando, assim, a deterioração total da ordem estabelecida.

Implantada com êxito nestes países foi, contudo, na Suécia que o Partido Social Democrata, mais se inspirou para formar a sua doutrina, cujos princípios fundamentais seriam os mesmos seguidos por aquele país, além de outros. Conhecida como a terceira via, por consagrar a capacidade produtiva do Capitalismo e a igualdade distributiva do Socialismo, ainda hoje se mantêm como o melhor sistema de governo, apesar de alguns desvios na pureza da sua doutrina, sem, apesar disso, abdicar da democracia representativa.

No espectro político-partidário português, o P.S.D. nunca se afirmou como o único seguidor desta terceira via, porquanto o seu congénere e rival Partido Socialista que, seguindo os mesmos princípios objectivos, levou a que tivessem que dividir o centro político, onde com alguma alternância, dividiram e dividem o poder. Tendo os seus postulados uma raiz única, podia, à primeira vista, confundir o eleitorado mas, apesar de haver uma parcela que deriva de um para o outro lado, ambos têm uma base fixa, ou pouco móvel, a atestar que alguma diferença sempre deve existir.

O Partido Socialista, conseguiu fazer passar a

mensagem de que o seu socialismo é menos capitalista e mais social, o que significa que o P.S.D. é menos social e mais pró-capitalista. Eu, pessoalmente, não sinto isso porque ambos têm tido oscilações na aplicação das suas bases doutrinárias, aquém ou além, da sua pureza.

Mas, este é o capítulo, destinado ao P.S.D. e é acerca dele que vou continuar a escrever.

O Partido Social Democrata sempre foi um partido de base rural e pouco elitista. As suas figuras confundem-se mais com o povo anónimo do que em qualquer outro partido. Ali se refugia a parte menos culta da sociedade e a menos politizada mas, paradoxalmente, é também ali que se define uma grande fatia da média classe patronal que, também será menos politizada. É este conjunto que forma a base eleitoral do P.S.D. O eleitorado que aparece em certas votações é o que vem de outras origens, quando acha que é ali que está a razão e, talvez, a vantagem da sua votação. O partido consegue, assim, usufruir de uma aceitação por parte de toda a ideologia política sendo, por isso, um adversário a ter em conta, principalmente quando o fracasso dos outros se verifica na governação.

Parece, até, que os eleitores confiam mais nos dirigentes do P.S.D. do que nos dos outros partidos. E, na verdade é capaz de haver, nisso, alguma razão. Em qualquer partido pode haver incompetência e oportunismo mas, foi nos governos socialistas que os maiores disparates se fizeram na governação.

Não vou acusar ninguém, porque todos os Portugueses têm bem presente na memória, esses acontecimentos. Com isto não quero dizer que o P.S.D. tenha uma prática política mais condicente com a doutrina e princípios da Social-Democracia. Não, de maneira nenhuma o afirmaria, até porque tenho observado as negociações desses princípios.

Há, apesar de tudo, uma dúvida que o meu espírito sente e a razão equaciona: será que o nosso País, não tem condições de viabilidade, sendo governado com os postulados da Social-Democracia e do Socialismo Democrático? Só esta ideia me pode justificar a aceitação de falhanços de quase todos os nossos programas de governo. Nunca conseguimos deixar a zona de risco. Será que temos Capitalismo a menos e Socialismo a mais?

Teria razão o P.S.D., quando o seu governo implantou este rigoroso plano de austeridade que nos despojou de quase tudo, incluindo a dignidade, que muitos perderam? Seria este o caminho do equilíbrio entre o Capitalismo que temos e o Socialismo que precisamos? Se no plano externo tenho de concordar com as opções tomadas, por impostas, já no plano interno sou um feroz crítico a muitas das políticas seguidas. Mas, também, já não sei como se pode aguentar um Socialismo, sem um capitalismo actuante e produtivo!

É mais fácil distribuir do que produzir.

As intervenções vão surgindo e chego à conclusão de que, se no nosso sistema político-económico é o Capitalismo que produz e se é o seu produto que se distribui, como vamos ser capazes de distribuir sem um apoio a esse capitalismo? Se tivéssemos dinheiro para o apoiar e, simultaneamente para distribuir segundo os princípios socialistas, tudo seria social mas, não temos e se distribuirmos o que nos resta, como vamos conseguir produzir para compensar essas despesas? Só o poderemos fazer acumulando deficits, cobertos por dívida que, por sua vez, vence juros que, tal como a dívida que lhes dá origem, têm de ser pagos

Ficamos numa espiral sem saída positiva, porque saída existe sempre e essa, a continuar assim, só pode levar ao corte do Socialismo. E será um corte radical!

O Capitalismo não é nenhum papão. Papão, é a ausência da sua regulação que não impede a sua proliferação selvagem. Mas, é aí que os governos podem falhar. O Capitalismo, como o próprio nome indica, mexe no capital e este é, no mundo actual, a matéria mais volátil que há, quer pela sua oportunidade quer, pela segurança na sua aplicação. Se está mal num local, muda-se ao toque de um click; se sente que vai ficar mal, não chega a aparecer, e o dilema dos governos é grande: se há muito socialismo o capital não participa, se há muito capitalismo, a doutrina Social-Democrata não aceita.

Achar a medida certa, requer muita preparação e muito pragmatismo. Seria por as pessoas pensarem nisto que deram a vitória ao P.S.D. nas últimas eleições?

O Partido vai ter de reequacionar a sua doutrina sem falsos modismos. Está provado que o Socialismo não produz; também está provado que o Capitalismo errante e sem controlo, se apropria de tudo. Quanto mais dinheiro acumula, mais dinheiro quer, num processo de concentração de riqueza que ofende o outro mundo. Mas tudo tem solução e o P.S.D. tem de pensar nela e impô-la nos seus governos. O diagnóstico está feito, não se pode hesitar mais. Portugal já não pode esperar por uma solução definitiva. Ela tem de ser implantada e, parece-me que tem mesmo que ser o P.S.D. a fazê-lo, por não ter no seu seio um tão grande complexo de esquerda e de socialismo.

A sociedade civil é que trabalha para produzir. Dêem-se-lhe os meios, que ela não falhará. Que os governos saibam e façam o que lhes compete, legislando e agindo em defesa das empresas e dos empresários que são, afinal, os motores da economia. Que os acarinhem e lhes reconheçam o seu real valor, em vez de os subestimarem e denegrirem, desprezando o seu esforço e a sua competência. Em Portugal, os empresários mais não são que uns ladrões, assim são apelidados pelas pessoas, até aquelas que da sua acção recebem o seu sustento e, pelo fisco que os persegue como tal. Esta mentalidade tem que mudar, tirando valor ao estado, que o não tem e dando-o a quem verdadeiramente o merece: os empresários e as empresas e, também os seus trabalhadores.

Elas criarão a riqueza que, depois, o estado poderá e deverá distribuir. Primeiro o Capitalismo, depois o Socialismo, este, sempre como consequência daquele, dividindo e distribuindo o que o outro ganhou, além de certos limites. As pessoas têm de começar a pensar que o estado não cria nada, só gasta e gasta o que as empresas ganham. É na empresa que reside a criação de riqueza, ela tem de ser a célula a proteger em primeiro lugar. Os empresários e os seus trabalhadores têm que passar a merecer o reconhecimento de toda a sociedade. Um empresário é um lutador, que inicia sempre uma luta sem saber qual o seu desfecho, se sucesso, se insucesso e perda. O seu maior mérito está na vontade de lutar; é certo que o faz por si mas, também é certo que todos beneficiam do seu querer e do seu esforço.

O partido que acarinhar e defender as empresas, ganhará o País e ajudá-lo-á a sair da vergonha de ser

PORTUGAL

Um

PIG-COUNTRY

O P.S. – PARTIDO SOCIALISTA

O Partido Socialista, foi mais um partido que nasceu inspirado na Social-Democracia, neste caso na Social-Democracia Alemã. É, portanto um partido que, desde o seu início, se identifica com os valores ocidentais e que, defende a economia de mercado com um determinado pendor social. Produzir sim mas, para distribuir, socialmente, por todos.

Desde sempre refutou os totalitarismos, viessem eles de onde viessem, quer da chamada esquerda, quer da sua antítese, a direita. A liberdade sempre foi a sua bandeira e, penso que, jamais deixará de o ser.

A democracia portuguesa deve-lhe muito. Durante o período revolucionário, sob a batuta do Dr. Mário Soares, a sua acção e a sua luta sem medo, contribuíram, não sei se decisivamente, porquanto não esteve sozinho na fila da frente. Outros e muitos, houve que o acompanharam mas, a sua contribuição foi, deveras, importante. Mas, não estando sozinho, os Portugueses sabem que, mesmo que estivesse, a sua determinação seria sempre até às últimas consequências, sem o mínimo desvio da finalidade a atingir: evitar a submissão do País a Moscovo e, talvez, à pior ditadura da história.

O Partido Socialista tinha muitos militantes antifascistas, que estiveram sempre ao lado do seu líder, embora a coragem do Dr. Mário Soares fosse mais visível ou, porque realmente a tinha ou, por a condição de líder lhe ter dado essa maior visibilidade.

O certo é que o P.S. não vacilou, nem uma vez, na sua determinação de evitar, para o País, o que pensava e bem, ser o seu pior destino. Tão importante foi a sua acção que o Dr. Mário Soares, granjeou, dos Portugueses, uma simpatia e admiração que perdura até hoje e, não tenho dúvidas de que perdurará no futuro, enquanto as memórias viverem. Concordando ou discordando de muitas posições do Dr. Mário Soares, penso que não haverá ninguém que não o respeite. É um verdadeiro Pai Fundador. E tudo lhe advém desses seus tempos de luta, porque a partir daí, não foi melhor nem pior do que os outros. Foi, apenas, um homem sujeito aos mesmos erros, às mesmas vitórias e aos mesmos fracassos. Mas já tinha conquistado a sua auréola. O seu lugar no coração dos Portugueses era vitalício e, por isso, tudo lhe têm desculpado, quando na sua acção posterior nem sempre foi tão coerente e lúcido.

Defende o seu PS contra tudo e contra todos. Só ali, está a verdade, a competência e o futuro. Não dá, aos adversários políticos, a mais pequena credibilidade. Contudo, é um verdadeiro democrata e não leva as atitudes, às vezes ofensivas, até ao extremo. Diz tudo a coberto da liberdade de expressão política e, por vezes, diz de mais com o mesmo à vontade do que diz de menos. Sabemos que ele é assim e assim o aceitamos, sem pôr em causa a sua linguagem e sem lhe contestar o direito de falar como se fosse o verdadeiro e único Pai da Pátria.

Comporta-se, ainda, como se ocupasse a cadeira de Primeiro-ministro ou Presidente da República, sem se dar conta de que já não é, de que esse tempo passou e que outros desempenham, agora, os mesmos lugares e que, por isso, merecem igual respeito. Mas, uma vida dedicada à Política e aos seus sãos princípios, moldaram-no desta maneira e, se ele, por si, não consegue ser de outra, que podem os Portugueses fazer, senão aceitá-lo como é? Por isto, tantos motivos têm os Portugueses para o estimar, como ele tem para estimar os Portugueses, todos, não só os militantes do partido socialista.

Em democracia, e o Dr. Mário Soares saberá com certeza melhor do que eu, todos os partidos têm iguais direitos e, por esse facto, todos devem ser, igualmente, respeitados. E falta de respeito não é dizer nos locais próprios o que deve ser dito, segundo as nossas convicções políticas mas sim, dizer o que nos interessa nos locais impróprios.

Este capítulo estava destinado a falar apenas do Partido Socialista mas, como se pode desligar o PS da sua figura central, o Dr. Mário Soares? É impossível e, por isso, peço desculpa da deriva.

Sobre o PS, não posso deixar de dizer que tem sido o partido que mais governação e decisões controversas, tem suscitado.

A ideia de Socialismo e distribuição fez, do Primeiro-ministro, António Guterres, um autêntico Pai Natal. Gastou sem pensar de onde lhe poderia vir o dinheiro para esses gastos. O seu espírito de Cristão, preocupado com os mais desfavorecidos, levá-lo-ia, até, a dar a própria camisa se isso pudesse apaziguar a sua preocupação com essa fatia da sociedade. Assim, um homem bom, inteligente e preparado, se transformou num, não direi péssimo, mas vulgar, Primeiro-ministro. Pode até aplicar-se-lhe a célebre frase de Margaret Thacher «quando se acabar o dinheiro dos outros, acaba-se o Socialismo»

Sobre o Primeiro-ministro José Sócrates, foi o esbanjamento que se conhece, aqui, ainda pior, porque o motivo deste nada teve a ver com a redução da pobreza mas, sim, com o aumento da riqueza de ...«alguns». Parcerias público/privadas, obras públicas e outras, gastos que não tiveram uma preocupação com os bens transaccionáveis e que, apenas, provocaram mais gastos sem retorno.

Por último o golpe palaciano do Dr. António Costa que, começa com a maior falta de respeito por um colega de partido e que termina com a usurpação do poder, baseado, legitimamente, num conjunto de condições que lhe-o permitiram fazer. Mas o problema não está nas condições, está na sua índole, de tudo cilindrar para obter aquilo que não lhe foi concedido pelo poder legitimado pelo voto. Transmite a mensagem de uma pessoa que não é de fiar. Até poderá ser o melhor Primeiro-ministro da história do País mas, deixa muitas dúvidas, a sua verticalidade.

E assim, um partido com o historial do PS, no

campo da defesa da Democracia, da sua inclinação social, do seu respeito pela liberdade e da observação dos compromissos assumidos, se transformou numa árvore de dúvidas, de incertezas e até, de alguma desconfiança dos muitos Portugueses que se revêm na sua doutrina mas que se estão, já, desviando da sua prática.

É um partido que prima pela noção de elitismo social. Ali, muitos militantes de topo não se coíbem de afirmar a sua superioridade intelectual, a sua ascendência «bem» e a sua capacidade pensante. É vulgar ouvir esses protegidos do testamento de Adão dizerem: a minha infância foi isto (sempre superior), o meu pai foi...o meu avô era...ou ainda pior «é meu sonho como sociólogo, assistir a um concerto do Tony Carreira...»

Esta, também é gente, não do PS mas, do Ps, que apregoa a sua vaidade em vez de a sua competência. São detentores da verdade, num narcisismo inconsequente e pedante. Um partido que se arroga o destino da supremacia, devia, pura e simplesmente, correr com estes apêndices do seu convívio. São ervas daninhas que prejudicam o trigo, anulando o que o partido, apesar de tudo, tem de bom e de respeitável. Que eleitor consciente e humilde, continuará a votar num partido que permite ofensas àqueles que votam? Eu, não!

O Tony Carreira era pobre e, por ter feito da vida o que fez, mais carinho ainda devia receber, principalmente, de um partido que se afirma socialista. É alguém que não perdeu a humildade e, por isso, é tão admirado e respeitado por tantos, como se vê nos seus concertos. Gostaria de ver o senhor Ministro com uma assistência assim, no seu desempenho profissional, a bater-lhe as mesmas palmas!

É também por isto que,

PORTUGAL

É um

PIG-COUNTRY

O PCP – PARTIDO COMUNISTA PORTU-GUÊS

O PCP viveu o seu tempo. Fez parte da história. Lutou contra o que achava a causa das injustiças dos povos e a favor da causa que lhe mostrava o contrário, a resolução para todos os problemas sociais que, nesse «seu tempo» atingiam a maior parte da população mundial.

Não tem que se envergonhar desse tempo e, deve até, venerar os seus heróis, que foram muitos e, alguns, até, com o sacrifício das suas próprias vidas. Foi uma luta apaixonante por aquilo em que acreditava. A miséria saltava à vista, não só em Portugal como em todo o mundo. Só quem não tivesse coração e, havia muitos que o não tinham, é que se podia manter alheado daquela realidade. Eram poucos, quando comparados com as grandes massas de miseráveis, ou quase, mas dominavam a riqueza total.

Só quem não lesse o capital, ou não sentisse a

solução que apresentava, podia ficar indiferente à força da nova doutrina. Tudo pensado, as causas, o combate, a solução. Só era preciso agir e alterar a ordem mal estabelecida, que provocava toda a desigualdade que os olhos, horrorizados, contemplavam.

Eu, também fui uma dessas pessoas rendidas ao novo modo de produção, embora, num período mais recente em que a desigualdade já não era tão grande mas, mesmo assim, suficientemente agressiva para me deixar indiferente. Devorei o Capital e quanto mais o estudava, mais identificado ficava com a nova economia que propunha. Não fiquei por aí e Marta Harnecker, Rosa Luxemburgo e outros, muitos, foram a continuidade das minhas pesquisas, no sentido de cimentar mais a certeza que começava a despontar em mim.

Eu, não conhecia outras teorias económicas, além da que observava no meu país: poucos com muito e muitos com muito pouco. Depois comecei a estudar, queria saber mais, queria situar-me no caminho político que fosse o melhor para todos. Não estava, então, em causa o movimento comunista que me tinha conquistado mas, queria conhecer outros pensamentos e outras alternativas, se as houvesse. E havia. O Socialismo de mercado e a Social-Democracia levaram-me a analisá-los, que mais não fosse, pelo menos seria para alargar os meus curtos horizontes político-económicos. Depois de confrontar uma e outra alternativa, continuei, ainda, preso à teoria comunista, onde via um futuro mais humano para o Homem.

De tal maneira levei a minha pesquisa a sério que um dia fui à Suécia, para observar no local, uma Social-Democracia. Andei por lá, observei, perguntei e gostei do que vi e ouvi. Um país organizado, onde não se via a paisagem social que se vivia em Portugal. Ali, a distribuição do rendimento era muito mais equitativa, não havia as enormes assimetrias a que estava habituado. Mas, a minha formação ainda não estava completa e outro dia rumei à Roménia para, aí, observar a realidade da aplicação da teoria que tanto me tinha fascinado.

À chegada, sofri, logo, o primeiro choque: todas as pessoas supervisionadas no controle de passaportes. Numa fila que não terminava, sofri um interrogatório desajustado e agressivo, feito por um funcionário mal-encarado, num inglês que eu não entendia, nem ele era capaz de me entender. Desconfiança e mais desconfiança, com os olhos fixos nos meus, como se me quisesse desvendar a alma. Até que, por fim, o homem, já cansado (tinha passado uma hora), ou elucidado, bateu com o passaporte no balcão e, com um gesto, mandou-me, finalmente, avançar.

Mas, logo a seguir, fomos interpelados, eu e os meus dois companheiros de viagem, por outros dois polícias que nos perguntaram para onde íamos. Dei-lhes o nome do hotel e a respectiva reserva. Ficaram com os passaportes e a nós, meteram-nos numa carrinha, já com outros passageiros, para nos levar ao hotel, onde os passaportes foram, por eles, entregues na recepção e onde ficaram. A nossa identificação passou a ser um cartão do próprio hotel mas que, de pouco, nos iria servir.

Com todas aquelas demoras no aeroporto, chegámos ao hotel já noite cerrada. Nós tínhamos marcado a viagem com pensão completa, por não sabermos o que iríamos encontrar. Quando perguntei pela sala de refeições, foi-me dito, agora num melhor inglês, que já não havia comida; tinha passado a hora da refeição. Protestei, pois tinha a marcação e o pagamento feito com pensão completa e não tínhamos culpa da demora exagerada, provocada pelo exigente e estúpido controlo policial. Não ganhei nada e tivemos que nos deitar com fome, por no bar do próprio hotel nada haver que se comesse, mesmo pagando. Pela manhã, depois de uma noite mal dormida, fomos dos primeiros a chegar para o pequeno-almoço. Olhámos, não vimos buffet e sentámo-nos. Ao fim de algum tempo, ainda bastante para quem estava faminto, apareceu então uma empregada, impecavelmente limpa, diga-se, mas apenas com um pãozinho, pequeno, com manteiga e, uma chávena de café com leite, para cada um. Perguntei novamente, agora à empregada, que se limitava a encolher os ombros, mostrando que não percebia o que se lhe dizia, se o pequeno-almoço era só aquilo. Levantei-me e fui à recepção fazer a mesma pergunta, tendo-me sido dito que na Roménia, o pequeno-almoço era assim para toda a gente. Comemos e calámos. Ainda tentei fazer algumas perguntas ao empregado da recepção, sobre o País mas, as respostas foram todas desviadas e curtas. Saímos, então, mais para tomar o pequeno-almoço do para fazer turismo. Mas, também não tivemos grande sorte. Apenas encontrámos uma espécie de tasca com uns pãezinhos doces, que engolimos com nova chávena de café com leite. Como não tínhamos ainda moeda local, paguei com uma nota de cinco dólares. O homem quando viu a nota, pegou-lhe com tanta avidez que mal aqueceu o lugar no balcão. Por gestos pedia-lhe o troco, que não vinha mas, ele limitava-se a encolher os ombros, gesto que já conhecia do hotel, e a abrir os braços, como que a dizer que não tinha. Viemos embora e lá ficou o troco. Andámos por ali, ainda, um bocado, mais para ver se encontrávamos alguém que falasse inglês, ou outra das línguas que falo mas, não tivemos, mais uma vez, qualquer retorno. O almoço, no hotel, foi sopa, creio que de batata e legumes e uma carne estufada, pouca, que até estava saborosa.

Não dava para continuar. Rumámos ao aeroporto, perdemos as estadias e, depois de muitas tentativas, arranjámos um voo para Roma.

Nunca mais voltei a um País da cortina de ferro, nem a Rússia conheço.

Fiz esta descrição tão exaustiva, por ter sido uma experiência que tanto me marcou, na altura em que eu procurava um espaço político-económico para me situar. E, foi mesmo esta desilusão que me fez, não só, observar o mundo, mas também a estudar a essência do Homem.

Sobre o mundo, visitei os países mais desenvolvidos, situados no modo de produção capitalista e, quando digo desenvolvido não me refiro apenas a crescimento económico. Este teria sido o motor que levou ao outro.

É no ocidente, livre e individualmente empreendedor, que se tem, apesar de imperfeições, a mais alta qualidade de vida em todos os aspectos: saúde, educação, bens materiais, ciência, tecnologia e, por aí adiante, até à liberdade. De tal modo, a diferença era e ainda é, tão grande que todos os povos, sem excepção, se quiseram libertar do jugo comunista. Possivelmente, serão todos tolos!

Quando, atrás falei da Roménia, não disse que visitei o país durante o «reinado» da família Ceausescu que foi um intérprete tão exemplar do comunismo que acabou no cadafalso.

Acerca da essência do Homem, cheguei à conclusão que não pode deixar de ser livre. Ele foi criado com uma individualidade que não permitirá, jamais, uma igualdade. Só no Admirável Mundo Novo, isso seria possível.

Com robots sim, com humanos não!

Deus criou o Homem e deu-lhe aquela individualidade, ou seja, fez os homens, todos, diferentes e, deu-lhes, ainda, o desígnio da sua evolução. O Homem tem de ter a possibilidade de evoluir e nada poderá deter essa ordem da sua natureza. Não haverá, nunca, sistema político, que altere aquilo que Deus fez. O Homem tem de chegar, sempre, mais além. O Homem se é pobre, quer ser rico; se é doente, quer ser saudável; se vive numa casa má, quer viver numa casa boa; se tem um salário baixo, quer um salário alto. É sempre assim, o Homem nunca está contente e, por isso, luta para progredir. Essa é a essência do Capitalismo no campo económico. O que seria da vida hoje, sem o contributo de um Edison, um Newton, um Einstein e muitos outros que não quiseram ficar parados e que levaram a sua persistência no desconhecido, a descobrir o que, até então, parecia impossível?

Esta é a essência do Homem, no campo científico. É um caminho imparável. Ele enfrentou e dominou os mares, à superfície e em profundidade; está conquistando o espaço próximo mas, há-de querer chegar ao Cosmos longínquo, desbravando galáxias. Os primeiros passos na Ciência são sempre do Homem, não da sociedade. Era isto que o Comunismo ia impedir, por tirar ao Homem a liberdade de agir, por si. Apregoar-se-á que a comunidade dirigida pelo estado, faria o mesmo. Mas não fazia porque lhe tirava a iniciativa individual. Ser mandado, não é a mesma coisa que ser livre e poder dizer: fui eu que fiz! O Homem precisa de competição e não se lhe pode tirar essa luta do espírito.

É por tudo isto que eu não posso ser comunista. A teoria que ainda guardo, não pode ter aplicação prática no Homem. Não quero, também, com isto, dizer que sou um fanático do Capitalismo. Nem pensar! Tem tanta coisa mal mas, no processo produtivo, é insuperável. O que, pelo menos por agora, enquanto novas ideias e adaptações não surgem, o que temos, todos, de fazer é aceitar a parte que o Capitalismo tem de boa e, tudo fazer para dar um novo enquadramento às suas más manifestações. Essa deve ser a nossa luta e não destruí-lo sem ter nada comparável para pôr no seu lugar.

Era aí que o Partido Comunista Português deveria concentrar a sua luta em vez de propalar uma luta de classes, já fora de tempo e sem objectivos concretos. Devia lutar para acabar com as classes e não pôr ou, pelo menos, procurar pôr, os homens a guerrear uns contra os outros, numa luta tão inglória como infrutífera. E, não venha dizer que está procurando acabar com as classes, aplicando a prática comunista. Por aí, só nivelaria por baixo, destruindo aqueles que não pertencessem ao Comité Central.

Deixem o Homem produzir, criar riqueza e ergam estados com governos, capazes, honestos e determinados a dar uma nova prática ao Capitalismo, de modo a que a desigualdade que provoca, possa ser extinta ou, pelo menos, minimizada. Aí, não teremos, talvez, para já, o mundo perfeito mas, teremos, certamente, um melhor mundo e, neste caso, o nosso.

O Partido Comunista está tão agarrado ao passado longínquo que parece ter deixado de pensar. Luta apenas pela sobrevivência, como se

141

essa sobrevivência trouxesse algum benefício ao País. Mas não traz e os Portugueses já sabem isso. Senão, vejamos: nas últimas 5 eleições legislativas desde 2002 a 2015, teve uma média de votantes de 7,74%. Será que um partido com esta expressão eleitoral pode aspirar a influenciar o presente e, sobretudo o devir de um Pais? Está apenas a receber votos de uma franja do eleitorado e não vê que só a mudança lhe pode dar outra dimensão e outra força política? E, essa mudança tem de ir no sentido da evolução, não no sentido da estagnação.

Sentir-se-á realizada e útil, uma direcção de partido que vegeta e não vive? Essa ou essas direcções, estão contrariando o que atrás disse sobre a essência do Homem que é, lutar para crescer e para evoluir. Eu não sou contra o PCP, apesar de não concordar com a sua prática. Se eu lá estivesse faria de maneira diferente. Para mim, todos os partidos, desde os mais pequenos aos maiores, fazem falta à Democracia. Não deve haver votantes sem enquadramento. Todos devem ter onde depositar o seu voto. Só assim a Democracia ficará completa. Quando o panorama partidário não absorve toda a gente, há uma lacuna que não deixa completar a Democracia. Só por isso o PCP faz falta e tem razão de existir. O que eu quero dizer é que um partido estagnado é um partido morto a que já ninguém liga, a não ser aquela franja, tão estagnada como o partido, por manter a mesma inércia. Porque é que a democracia interna do PCP leva à manutenção, por tanto tempo, do mesmo Secretário-Geral? Não faria bem ao PCP mostrar mais democracia e arejar as vozes mais frequentemente? Será que o partido é mais pobre do que os outros e não tem nos seus quadros, alguém jovem de idade e de ideias que contribua para a sua evolução?

Possivelmente, já estarei a ir longe de mais mas, custa-me ver um partido com o historial do PCP, a perder esse capital, por não ter sabido acompanhar a evolução do mundo. Veja-se o caso do Bloco. Um pequeno safanão e aí está o resultado. Foi por acaso, não foi, foi porque algo mudou! E não vai, talvez, ficar por aí. O PCP tem muito que alterar mas, é preciso dar o sinal da mudança. Os eleitores portugueses, já sabem pensar, o que ouvem por um ouvido sai-lhes pelo outro e o partido tem de olhar para o pensamento de todos e não só daqueles yesmen que lhe dizem sempre que sim e que, cada vez serão menos.

Porque a sua expressão eleitoral é baixa, tão baixa que faz confusão, vê-se o partido, a servir-se da sua implantação sindical, para se afirmar como uma força. Mas tem de pensar que essa força não é legitimada e, muitas vezes é aplicada contra o sentir dos Portugueses que, vêem nela uma tentativa de luta pela sobrevivência, camuflada de uma afirmação política. A afirmação política só tem repercussão se compreendida e aceite pela maioria dos Portugueses, não por uma magra minoria.

O PCP Só teria a ganhar e a Democracia também, se fosse capaz de subir a escada, do passado para o presente e assim, ficar mais perto do futuro e... dos Portugueses. Seria uma ajuda à saída de

PORTUGAL

Dos

PIG-COUNTRIES

O BLOCO de ESQUERDA

É, ainda, um partido sem história. Fundado em 1999, ano em que disputou as primeiras eleições e obteve 2,4% de votos do eleitorado, manteve nas eleições seguintes uma percentagem, sempre baixa, na disputa com os outros partidos.

Não sei qual o eleitorado alvo que levou à sua constituição e, ao obter esta percentagem, ou não atingiu os seus objectivos que, certamente, seriam mais ambiciosos ou, no universo total, os eleitores já estavam identificados com os partidos existentes, não deixando espaço para novas ideias e mensagens.

Mas, ao analisar a taxa de abstenção desse ano, 38,16%, a segunda razão não serve de justificação, mantendo-se a primeira como o mais pertinente motivo para tão fraca adesão. O Bloco não conquistou os eleitores. Poder-se-ia, ainda, argumentar que foram as suas primeiras eleições e não teve tempo para trabalhar a sua mensagem mas, nas eleições seguintes, em 2002, voltou a ficar, com certeza, aquém das suas expectativas, ao alcançar apenas 2,7% do eleitorado votante, o mesmo acontecendo nos anos seguintes. Em 2005 subiu para 6,4% e em 2009 deu mais um salto positivo atingindo os 9,8%.

Parecia que, finalmente, o eleitorado estava a dar ao Bloco a sua anuência. Sendo, então, o quarto partido em votação. A continuar crescendo como nas duas últimas eleições seria, a curto prazo, uma força política com uma palavra a dizer aos outros partidos e aos Portugueses. Mas, vá-se lá saber porquê, os eleitores não explicam o seu voto, em 2011 o castelo, que era de cartas, ruiu e a sua implantação desceu para 5,2%.

E, como casa onde não há pão, todos ralham e ninguém tem razão, começaram as clivagens dentro da sua estrutura dirigente.

Quase à beira da implosão, aproximavam-se as legislativas de 2015. Depois de cisões e ajustamentos, vem nova direcção tomar conta do partido, transformando um bloco que era de notas, num Bloco partidário. Mudou a linguagem, alterou a prática, abriu a porta, até aí fechada, ao sistema partidário e aos próprios eleitores que, por ali entraram outra vez, premiando a alteração com uma votação nunca antes conseguida e, logo nas legislativas que pareciam ser o funeral do partido.

Com esta votação de 10,22%, a nova líder ganhou alento para outras batalhas e, inteligente como está mostrando ser, já deve ter interiorizado qual o caminho que conquista os eleitores e que está perfeitamente ao seu alcance. Ela já sabe onde picar para aumentar o score do seu ex-defunto Bloco: preservar os seus eleitores base, criar a unidade do partido e mostrar que o Novo Bloco deixou de ser estático e enveredou por um dinamismo democrático que não hostiliza, que responde e que respeita tanto o espectro, político-partidário como o sentido de voto dos eleitores. Há-de haver muitos que, descontentes com os outros partidos, irão dar o benefício da dúvida ao seu Bloco.

Depois, há, ainda, o enorme partido da abstenção que se deverá a muitas causas mas, onde uma mensagem, precisa, convincente e confiável, poderá despoletar o movimento em direcção ao seu Bloco, agora de granito.

Os Portugueses estão cansados de velhas ideias, de gastos slogans populistas e evasivos, de políticos sem objectivos e, consequentemente, sem resultados palpáveis Querem uma mudança mas, como já viram o que é a política, estão desconfiados e, não será de ânimo leve que deixam aquilo que mesmo sendo mau, a abstenção, para se deslocarem para o incerto. É preciso que o Bloco tenha coerência, seja honesto, que fale para todos e não para alguns e, sobretudo que não vá contra a visão do mundo que os Portugueses têm. A realidade terá de se sobrepor, sempre, à ideologia e a verdade à mentira. Todo o céptico quer saber, à partida, com o que pode contar.

Para isto, basta que o Bloco observe o conteúdo dos seus estatutos e faça dele a sua mensagem. Não precisa fazer-lhe alterações, basta não lhe consentir desvios.

Fala de Democracia, Liberdade, Socialismo, que são os três vectores que representam os anseios dos Portugueses.

A Democracia, observá-la ou não, depende de quem governa; a Liberdade, sendo um conceito mais subjectivo, não deixa, também, de ser influenciada pelas estruturas governativas. Quanto ao Socialismo, sendo algo mais difícil de alcançar, por depender de uma variedade enorme de factores, mostra ser uma preocupação do partido, com a busca incessante de alternativas ao Capitalismo.

Melhor do que isto, não se consegue pensar. O Capitalismo não é perfeito, está doente mas, é a realidade do momento, sem uma alternativa imediata que o substitua. Substituir o que temos pelo que não temos e nem sabemos ainda como criar, seria um suicídio. Mas, a procura de alternativas, não só é um fim, como uma possibilidade que todos ansiamos seja atingida.

O Bloco, como disse antes, tem tudo, para chegar lá acima; basta que não lhe falte o engenho e a arte política para que, nos tempos presentes, a Catarina Martins seja a Alcaidessa de um castelo de betão e não de outro castelo de cartas e que, comece a construir e a escrever a verdadeira história do Bloco.

PORTUGAL, precisa de todos os empurrões válidos para deixar de ser

Um

PIG-COUNTRY

PARTE IV

OUTRAS PROPOSTAS

OS SINDICATOS

Sendo o Sindicalismo um movimento associativo das classes operárias, criado com a finalidade de proteger os trabalhadores da, então, inaceitável exploração levada a cabo nas unidades industriais, criadas com o advento da revolução industrial, tem, ao longo destes anos, sofrido uma notável adaptação à evolução do processo produtivo.

Iniciado por uma luta ad-hoc dos próprios trabalhadores que abandonavam os campos onde trabalhavam e se deslocavam para as cidades, onde a indústria absorvia toda a mão-de-obra disponível, sofreu, ao longo dos tempos, uma evolução que, nos nossos dias levou os sindicatos a ser geridos por pessoas cultas e, tecnicamente preparadas para ajudarem os trabalhadores a reivindicar as condições justas do trabalho e da sua remuneração.

Estamos bem longe das mal preparadas Trade Unions inglesas e, sobretudo dos incipientes movimentos operários em Portugal que, só por volta de 1.900 fizeram algumas movimenta-

ções, como Associações de Classe. Isto, ter-se-
á devido ao facto do desenvolvimento industrial
ter sido iniciado muito mais tarde e, não ter,
nunca atingido a dimensão, embora proporcional ao País, que teve em Inglaterra.

Ali, começou a verdadeira Revolução Industrial
e quando a Inglaterra era senhora do Mundo.
Não lhe faltava mercado para a sua produção.
Era preciso produzir cada vez mais para saciar
uma procura que aumentava todos os dias.

Vivia-se um tempo em que o trabalho não tinha
valor, assim como a classe trabalhadora que se
situava na cauda da divisão social. Ainda se
estava muito perto do Clero, Nobreza e Povo e
das suas consequências. Com a revolução Industrial emergiu uma nova classe, a burguesia,
sedenta de lucro e do poder que o dinheiro
comprava. Aliando estas duas forças, a pouca
importância dos trabalhadores e o poder do dinheiro, só podia haver um desfecho: uma exploração desenfreada dos milhares de analfabe-
tos ou, no mínimo semiletrados, que chegavam
aos grandes aglomerados industriais urbanos,
procurando, a todo o custo, um posto de trabalho que lhes permitisse sobreviver. Sem hipóteses de escolha, tinham de aceitar o que lhes ofe-
reciam e que, devia ser muito pouco.

Foi neste contexto que alguns homens, já mais

esclarecidos que a maioria, iniciaram a construção do movimento operário no sentido da sua associação.

Depois chegaram os teóricos, com Karl Marx e Friedrich Engels na frente que, criaram as bases de uma teorização que procurava demonstrar o valor do trabalho como factor de produção. Nunca mais, a partir de então, as coisas foram iguais. Nos países onde esta teorização levou ao desmoronar da organização social, até então, vigente, caso da URSS, procurou dar-se a esse novo factor de produção a primazia no processo produtivo. Todos os outros factores que, até então, se sobrepunham àquele, foram ultrapassados, como a posse de outros meios de produção e o capital que deixaram de ser privados e passaram a ser públicos, na posse do estado.

Nos outros países onde o processo produtivo se manteve na posse dos privados, emergiu então, com toda a sua força, o movimento sindical que se opunha à poderosa organização patronal. Os sindicatos ganharam importância e uma palavra a dizer no lucro do processo produtivo e qual a parte que deveria corresponder ao factor trabalho.

Claro que, ao mesmo tempo que isto acontecia, o movimento sindical politizou-se, deixando de ser os próprios trabalhadores a dominar o movimento que, passaria a ser dirigido por uma tecnocracia política, oriunda dos partidos políticos, que bebia a doutrina emanada do vulcão do movimento operário da URSS.

Olhando, actualmente, o sindicalismo em Portugal, verificamos continuar a ser aquela, a realidade. Onde estão os sindicatos autónomos, geridos pela própria estrutura trabalhadora que os compõe? Não conheço nenhum! Todos são, com actuações mais duras ou mais suaves, representados por gente saída, em comissão, dos partidos políticos da chamada esquerda.

Se a estrutura sindical não tem, nos seus associados, alguém capaz de a dirigir por falta de preparação e vêm dos partidos, esses dirigentes preparados, por que é o sindicalismo tão irresponsável no nosso País? Sim, se os Sindicatos hoje, em Portugal, à semelhança dos outros países, têm dirigentes preparados técnica e ideologicamente para tornar o Sindicalismo credível perante todos, por que razão, assistimos, continuamente, a manifestações, dessas estruturas, que nada têm a ver com aqueles procedimentos que deveriam ser observados no sentido de suscitar o apoio de todos e não o desagrado e repúdio dos outros que não lhe pertencem?

Refiro-me a greves sem justificação, a exigências despropositadas mais próprias de ignorantes do que de pessoas que, como disse, estão preparadas e são, teoricamente, competentes. Os sindicatos não deveriam, primeiro, servir-se da sua competência e honestidade para estudarem a sua acção e concluírem da razão e da oportunidade, de levar a cabo uma greve que afecta, sempre, tanta gente em sectores de que todos dependemos? E, mesmo, em certas reivindicações de aumentos salariais, desprezando a estrutura das empresas ou, mesmo, do aumento da despesa do estado, para beneficiar os elementos do sindicato e prejudicando todos os outros?

Se estas decisões não forem, e não são, fundamentadas com sinceridade, pela falta de preparação dos dirigentes sindicais, só o poderão ser por puro oportunismo político para, fundamentalmente, beneficiar a unidade partidária de cuja ideologia e interesses comungam.

Isto é que é deplorável observar e que tira, também, aos sindicatos aquela auréola de isenção que receberia o suporte de todos e que, assim, gera a revolta e o desprezo de todos aqueles que não são directamente beneficiados pela sua acção.

Há, ainda, outro aspecto que me parece condenável no actual procedimento dos sindicatos: todos os movimentos de contestação sindical têm o propósito de reivindicar o máximo para os seus sindicados sem estarem preocupados com os restantes que são sempre muitos mais. Os sindicatos não deveriam pensar em todas as estruturas que, afinal, são a economia do País, antes de procurarem dividir o bolo de maneira desigual? Quando desse bolo uns recebem a mais, outros, haverá, que recebem a menos. É sempre assim mas, para os Sindicatos não parece ser.

Estou a pensar no sector empresarial do Estado e nos próprios serviços. Sim, porque é aqui que os sindicatos fazem as greves. Onde estão as greves nas empresas privadas? Parece que, aí, os sindicatos estão contentes com o desempenho dos patrões. Afinal o mau da fita é o estado! Isto não deve ser verdade e a razão deve ser outra. É que o estado tem sectores chave que acusam socialmente as consequências de uma greve e, quando um partido político que domina em qualquer sector sindical quer mostrar o seu poder é para aí que canaliza a sua actuação. E não é para benefício desses trabalhadores, porque uma vez que o estado funciona como um todo, tudo se vai reflectir no equilíbrio das suas contas. Para os sindicatos, que o resultado dessas reivindicações saia da acumulação financeira do estado ou de deficit das suas contas, é perfeitamente indiferente. Mas não devia ser! É que os deficits são cobertos com empréstimos que cobram juros, que o mesmo estado, ou seja, todos nós, os que recebem os benefícios das reivindicações e os que não recebem, temos de pagar em partes iguais.

Um sindicalismo destes que se serve das greves para proteger a estrutura política que o dirige, não poderá, nunca, ter a bênção dos eleitores e da restante população. Daí que assistamos ao paradoxo de uma representação eleitoral de menos de 10%, ter um domínio sindical de mais de 50%.

Os aspectos a corrigir vão surgindo e há, ainda, outro que me parece pertinente mencionar aqui.

OS EMPREGOS PARA A NOVA FORÇA DE TRABALHO

Só vejo os sindicatos preocupados em reivindicar, melhorias salariais, menos dias de trabalho, melhor assistência em todos os domínios, para aqueles que têm emprego mas não ouço nada, nem uma única palavra construtiva para criar novos empregos e dar, também, àqueles que chegam ao mercado de trabalho e que ficam à porta, uma oportunidade.

Será que esse, não deveria ser também, um dever dos sindicatos? Se na mente sindical não é um dever, pelo menos ficar-lhe-ia bem que tivesse essa preocupação e que, ao menos tentasse fazer alguma coisa, útil, nesse sentido.

E eu penso que o poderiam fazer.

Em vez da tal ou, das tais reivindicações para os que têm emprego, por que não substituí-las por um acordo em que essa despesa fosse aplicada em crescimento da própria empresa de modo, a criar, ali, mais uns postos de trabalho?

Esse crescimento iria pagar os novos salários, a curto prazo ou mesmo médio e o capital da empresa não seria afectado, não pondo em risco a sua continuidade ou, apenas, a sua solvência, pela diminuição dos capitais próprios. Esta seria uma hipótese, outras, com certeza, se concretizariam com uma análise mais cuidada de todas as possibilidades da empresa.

Por tudo isto e por outros motivos, aqui omissos creio, verdadeiramente, que os sindicatos devem fazer um exame de consciência, cuidado, atento e isento, no sentido de, como parceiros sociais que devem continuar a ser, terem uma acção mais construtiva, numa parceria constante com os governos. Estes têm de perder a sua arrogância e saber dialogar com outras instituições que , sendo competentes, só lhes falta participar, com essa competência, nas decisões de que o País precisa para sair do enorme fosso em que se encontra, também por culpa sindical.

Isto, no presente mas, que no futuro, essa parceria tenha sempre em mente impedir que o mesmo volte a acontecer.

Portanto, exige-se que, quer da parte dos governos, quer da parte dos sindicatos, um pragmatismo que permita um diálogo, sempre bem-intencionado, procurando atingir a meta do desenvolvimento harmonioso do País.

Os governos abdicam da sua infinita sabedoria e os sindicatos da sua antiquada luta de classes.

Isto para que, também esses sindicatos, deixem de pertencer a um

PORTUGAL

PIG-COUNTRY

O SISTEMA BANCÁRIO

A MOEDA

O sistema bancário foi criado para servir a moeda, na complexidade dos problemas que a sua circulação levanta e na utilização amplamente variada, que lhe é dada.

Sendo a moeda indispensável ao funcionamento da economia é fácil perceber a importância da sua aplicação no enormíssimo sistema de trocas, não só em cada país como, e também, em todo o mundo.1

Imagine-se o que seria, hoje, qualquer comprador andar com um maço de notas, por esse mundo fora ou, mesmo dentro de uma comunidade mais reduzida, para pagar as suas compras ou, as suas dívidas? Seria absolutamente impraticável.

Para obstar a esta impossibilidade, foi criado, em cada país, um sistema bancário, sendo, aos bancos que compete gerir as questões relativas a todas as manifestações da moeda.

Falar de moeda para fazer compras ou pagar dívidas é uma maneira muito superficial de

163

abordar o tema. À moeda cabe um papel sobremaneira importante na arquitectura interna
dos países e ainda, na interligação económica e
financeira da comunidade internacional. Dentro
de um país, tudo gira à volta da moeda, do vulgar dinheiro. Todo o cidadão terá no seu bolso
uma maior ou menor quantidade desse dinheiro, chamado vivo, para as suas aquisições diá-
rias. É um café que se toma, é um jornal que se
compra, é um estacionamento automóvel que se
paga e, por aí adiante, numa sucessão que só
termina em cada chegada a sua casa.

Hoje, devido à evolução do sistema bancário na
oferta de serviços dos seus bancos, existem os
cartões bancários, de crédito e de débito, que
diminuem a necessidade de mais dinheiro nos
bolsos de cada um e também, a possibilidade de
transmitir, somas de dinheiro, este não vivo
mas virtual, para pagar as transacções de grande volume. Sem um sistema bancário activo e
eficiente não teríamos à nossa disposição este
meio de pagamento, prático e seguro que, até
pode ser utilizado à volta do mundo.

Mas a acção de qualquer sistema bancário, não
se queda por aqui, ao contrário, desdobra-se em
múltiplas direcções na teia da sua oferta de serviços. Podemos resumir assim a actividade de
um banco:

BANCOS

1-As pessoas, as empresas, os serviços governamentais, não retêm, o dinheiro recebido dos
nossos salários, das suas vendas ou dos impostos recebidos, na sua posse, já porque é impraticável, já porque têm à sua disposição um lugar seguro para o guardar, o Banco.

2-O Banco ao receber esse dinheiro, garante ao
depositante o seu pagamento quando aquele o
exigir. É com estes milhões de depósitos que o
banco forma a sua liquidez. E como os depositantes não vão levantar esse dinheiro todo de
uma vez, o banco fica com a possibilidade de,
por sua vez, o emprestar, cobrando por esse
serviço e risco, uma taxa (o juro) que é o seu
rendimento.

3-Quantos mais depósitos o banco receber,
maior a sua disponibilidade para o emprestar e
distribuir. É certo, que não o pode emprestar
todo devido a uma obrigação de guardar em
caixa uma reserva percentual, inamovível, a
chamada reserva de caixa, que oscila segundo a
legislação e que será à volta de 8%. Esta é mais
uma garantia dada aos depositantes que, assim
terão, sempre, um fundo que lhes permita, pelo
menos, algum levantamento da sua conta ban-

cária. Apesar desta restrição, o Banco pode ainda dispor de quantias importantes para negociar.

4- É importante informar que a estas reservas de caixa se juntam os capitais próprios do Banco que vão aumentar a sua liquidez, disponível para emprestar e, consequentemente, também os seus lucros que, por sua vez irão aumentar o bolo do negócio bancário.

5- Há, ainda, outra forma de o banco aumentar a moeda disponível para empréstimos. Refiro-me aos depósitos dos financiamentos concedidos. O Banco empresta o dinheiro mas este, por sua vez, pode não ser imediatamente levantado e, durante o tempo que uma parte fica retida nos seus cofres, ele vai continuar a emprestá-lo, o mesmo acontecendo com a repetição do processo. Com este multiplicador, o Banco consegue uma rentabilidade acrescida em cada empréstimo que concede. Deste modo o sistema bancário vai aumentando o seu poder monetário e a sua possível influência no crescimento da economia.

6- Essa influência é deveras importante, porque a economia sem investimento não cresce e uma economia que estagna, tem todas as implicações conhecidas. O tecido empresarial, precisa de dinheiro para desenvolver os seus projectos e, para isso, recorre à banca. Esta com o dinheiro dos depositantes, que já inclui o destas empresas, vai possibilitar que com esse financiamento a empresa conclua o seu projecto, que passa a produzir mais e, logo, a aumentar a riqueza do País e ainda, a depositar mais dinheiro no banco, proveniente do aumento da sua capacidade produtiva.

7-Também os particulares recorrem à banca para uma diversidade de aquisições que precisam fazer como, por exemplo, a compra de uma casa, de um carro ou outras. O Banco exerce, portanto, a sua acção em todos os domínios da economia, desempenhando, assim, uma função social deveras importante. Uma economia por menos desenvolvida que seja, não consegue sobreviver e muito menos crescer, sem o apoio de um sistema bancário, interventivo, eficiente e produtivo.

A REAL PRÁTICA BANCÁRIA

Os bancos de que atrás falei, os chamados comerciais, normalmente são bancos privados e, embora estejam sujeitos a regulação por parte do Banco Central, a entidade que tem por missão enquadrar a actividade bancária e que, no nosso País é o Banco de Portugal, a maneira como funcionam tem uma liberdade quase total para fazerem o negócio bancário.

Como qualquer empresa, procuram o lucro, se possível maximizado. O dinheiro é sempre pouco e quando se tem muito, quer-se ainda mais.

Devido ao comportamento de algumas administrações bancárias, temos assistido a práticas que, cedendo à tentação desse lucro, se têm desviado da função social que deviam desempenhar, originando prejuízos avultados no tecido produtivo.

Os lucros da rentável actividade bancária, devem servir para robustecer a capacidade financeira do banco. O dinheiro que lhe é franqueado pelos depositantes, não é seu, é daqueles que, com o seu trabalho ou com a sua actividade o conseguiram poupar, os mesmos depositantes. O Banco tem a obrigação moral de garantir a segurança desse dinheiro e essa consegue-se com uma gestão cuidada desse património alheio. Em momento algum, um responsável gestor bancário deve menosprezar esse princípio e assumir-se como o senhor omnipotente e absoluto dessas poupanças à sua guarda e que lhe permitem o negócio de que vive.

Gera uma revolta enorme naqueles que são enganados e, porque não, roubados e, cria, ainda, uma dúvida na confiança que deve sempre prevalecer nas questões da moeda, do dinheiro. Sem confiança, todo este edifício pode ruir de um momento para outro, levando ao colapso de um sistema, imprescindível na estabilidade de um país.

Na actividade bancária, os seus gestores são autónomos e a regulação não tem que interferir nas suas nomeações mas, tem de estar atenta à vida interna do banco e impedir práticas lesivas do interesse dos depositantes. Para isso, também o regulador tem de ter a necessária preparação técnica para, dentro das normas vigentes, saber como e onde deve actuar para evitar desvios.

Temos assistido a verdadeiros assaltos ao dinheiro dos outros, umas vezes por manifesto oportunismo e desonestidade, outras com o benefício da dúvida numa má gestão por irresponsabilidade e deficiente preparação para exercer aquela função.

Mas, paralelamente a esta actuação das unidades bancárias, também a regulação do Banco de Portugal foi descuidada e incipiente, permitindo que estes caminhos levassem a irremediáveis desfechos de descrédito e ruína. Descrédito que foi interno e externo e ruína porque atingiu o País nas suas contas e entrou profundamente nos bolsos de todos nós, contribuintes.

Temos de, uma vez por todas, terminar com estes «casos» que, são casos mas, casos demasiado graves para continuarem a ser permitidos.

UMA SOLUÇÃO POSSÍVEL

A nossa organização bancária, este sistema não satisfaz, de maneira nenhuma, as necessidades da nossa economia e, consequentemente, do País.

Nós precisamos de bancos que trabalhem para as pessoas, para a actividade económica em geral, acautelando o prestígio e o interesse de Portugal e que, não façam o contrário que é vive-rem à custa, de uns e, de outros «benfeitores» forçados.

A parte tem que subordinar-se ao todo e o todo é representado pelo estado. Este é que é sobe-rano, não os bancos nem, sequer, o dinheiro. É ao estado que compete o domínio, mas não a posse, dos meios de produção. Sendo o Capital um desses meios, deve ser dominado por quem tem a legitimidade e o dever de velar por todos, organizando esses meio, de forma, a que ele possa cumprir a sua parte no processo produti-vo. Aquilo a que temos assistido, mais não é do que a negação desta finalidade.

Para os lucros que são, depois malbaratados, os bancos são privados; para os prejuízos quando chegam, ocasionados e provocados por gestores descuidados e incompetentes, os mesmos ban-cos passam a ser públicos.

Penso, também aqui, não ser difícil solucionar este tão melindroso, para a economia e para os contribuintes, caminho. A minha sugestão é a seguinte:

O Estado ficar detentor de três bancos mistos, de Fomento e de negócio bancário normal.

Com a actividade bancária normal, acumularia as poupanças dos particulares e das empresas. Um banco do estado oferece outras garantias que os privados não oferecem e, muito menos agora depois de todo este colapso e esta desconfiança.

Com esta liquidez, a parte de Fomento ou Desenvolvimento, como lhe queiramos chamar, já poderia acorrer aos financiamentos às empresas.

Os três Bancos poderiam ser: um Banco de Desenvolvimento Agrícola; um de Desenvolvimento Industrial e o outro de Desenvolvimento Comercial.

Estes bancos estatizados teriam, além da função bancária normal, paralelamente, uma função de apoio ao crescimento do processo produtivo, lançando aí o capital de risco que falta na nossa economia. O tecido bancário privado só procura o lucro fácil e, não será, nunca, assim que a nossa economia cresce. Sem o investimento necessário, não há economia que cresça, nem produtividade que aumente.

Os Portugueses têm tantas ideias como os outros povos; aumentemos-lhes o conhecimento em escolaridade e investigação e, facilitemos-lhes o dinheiro indispensável, que os projectos nascerão e avançarão em sentido ascendente.

Nem todos serão start-ups mas, muitos acabarão por sê-lo, compensando os que ficaram pelo caminho. Um negócio, um empreendimento, tem sempre uma parte aleatória que pode levar ao fracasso mas, sem se tentar é que se cai no marasmo em que nos encontramos, com uma economia estagnada para enfrentar o futuro.

Nós estamos a pagar os bancos privados e a oferecê-los a outros, igualmente privados. Estes bancos que nos custaram e continuam a custar milhões, muitos milhões, podiam ter sido a base dos indispensáveis Bancos de Fomento. Pagámo-los e colocámo-los nas mãos de outros que, um destes dias, farão igual gestão, com resultados semelhantes, se não forem ainda piores.

É um erro enorme esta falta de visão dos governos e até de Bruxelas mas, Bruxelas não deve estar tão preocupada connosco, como o deveriam estar os nossos Governos. Se não tratarmos de nós próprios, por que hão-de os outros fazê-lo?

Tínhamos estruturas criadas, prontas a funcionar, com cobertura suficiente de todo o território nacional, era mudar-lhes os nomes, garantir aos depositantes os seus depósitos e, os lucros obtidos, esses sim, serviriam para começar, no imediato, a amortizar os prejuízos, libertando, dos mesmos, o Orçamento do Estado. Existiria, certamente, mais algum esforço financeiro mas, seria um esforço com retorno e, como foi feito, perdeu-se tudo!

Creio que, os poderes europeus, incluindo o B.C.E. (Banco Central Europeu), não só não se oporia a esta mudança, como até, possivelmente, contribuiria com alguma ajuda. Quem não pede, não é ouvido por Deus e, quando se pede com a motivação adequada, essa ajuda sempre acabará por chegar.

Mas, o Sistema bancário, como o idealizo, não se limitaria aos bancos públicos. Simultaneamente, continuaria a existir uma livre actividade bancária privada, concorrendo com os Bancos Públicos. Contudo, aqui, já haveria uma grande diferença em relação aos bancos privados actuais. Com esta organização, o Estado já poderia dizer que os depósitos feitos nos bancos privados, seriam sempre da responsabilidade dos depositantes. Deixaria de haver qualquer responsabilização do Estado para com esses depositantes e para com esses bancos, além da normal e competente regulação. Os depositantes fariam a sua escolha livremente e, por esse facto, a sua relação manter-se-ia, estritamente, com os bancos por si escolhidos, ao contrário do que se tem passado, onde o estado fica sempre mal visto numa fotografia que, ainda, por cima, lhe custa muito cara.

É certo, que nestes factos ocorridos, o estado, por intermédio dos seus governos, garantiu aos depositantes a solvência dos bancos o que, de certo modo, o tornou responsável. Não houve membro do governo, até o Presidente da República, Cavaco Silva e o regulador, o Banco de Portugal, que não afirmasse, publicamente, no caso do BES, a solvência do Banco. Lesar os depositantes, neste caso concreto, a responsabilidade tanto foi da gestão do Banco como do próprio estado.

Eu compreendo porque os representantes do estado o fizeram mas, se o fizeram assim, não deviam ter feito. Para salvarem uma promessa, acabaram destruindo a vida financeira de todos aqueles que acreditaram, como deviam, nas suas palavras. Foi um roubo institucional, um daqueles que nunca deveriam existir, pelos custos políticos que tem na quebra da confiança nas instituições superiores de onde se espera o melhor exemplo.

Se o cidadão comum deixa de confiar nas instituições, que deviam ser um modelo de perfeição a seguir e não são, vai acreditar em quê e em quem? Daí o descrédito a que se está a assistir. Já poucos acreditam nos políticos e na política.

Eu comparo o descrédito da política com o descrédito da moeda. Quando se perde a confiança, esses edifícios ruem. Esperemos que o nosso edifício político se aguente até que as suas premissas sejam alteradas e novas conclusões, surjam.

O novo sistema bancário, que imagino, viria pôr cobro a todas estas anormalidades que existem, porque o sistema actual as permite. E, como se vê, será fácil implantá-lo nos seus aspectos funcionais. A grande batalha a travar é contra os lobbies do grande capital. Mas, essa será a luta de um governo com maioria no Parlamento, bastando pôr essa maioria ao serviço do País e contra os interesses e os poderes de alguns. Bastar-lhe-á, portanto, inverter a prática das maiorias, de todos a poucos para, de poucos a todos.

Os governos têm de começar a servir-se do Capital em vez de lhe cederem o seu poder político. Será mais uma alteração que não me parece difícil: o Capital continuará a ser mas, apenas, a ser o Capital, e o governo passará a ser governo em vez de um instrumento ao serviço daquele.

Lá por o estado deter três bancos de desenvolvimento, a nossa economia não deixará de ser privada, será até, possivelmente, mais, pois, os privados passarão a ter mais dinheiro disponível para fazerem os seus investimentos produtivos. Três Bancos de Fomento não aumentam dimensão do estado e até, permitirão que ela seja reduzida. Com mais dinheiro, os privados tomarão conta da economia produtiva e farão dela o que o estado, como empresário, não será, nunca, capaz de fazer.

Além disto, com a confiança que esses bancos estatais darão aos depositantes, estes terão mais tendência a aumentar a sua poupança que, por sua vez, se transformará em investimento, aquela variável mágica de que o País tanto precisa, para deixar de ser

PORTUGAL

Um

PIG-COUNTRY

OS VENCIMENTOS DOS POLÍTICOS

Nada suscita maior onda de comentários do que o aumento dos vencimentos dos Políticos, da classe política. Raramente se ouve uma voz concordante que, com coragem diga que o Rei vai Nu. Até, quase posso afirmar que algumas das vozes discordantes, o são por parecer bem, estar contra os políticos e não por uma discordância convicta.

Mas é um assunto que deve ser abordado com toda a frontalidade e encarado pelos cidadãos com algum pragmatismo e compreensão da realidade. Temos de aceitar que alguém, que ganha o ordenado mínimo, ao olhar para os 3.000.00€ do salário de um Deputado, que é seis vezes mais elevado que o seu, quando os compara, acha muito aquele ou, acha pouco o seu. Terá razão e, mais razão, ainda, terão aqueles que recebem uma pensão mínima. O vencimento de um Deputado, não é dos que acho mais desajustado.

Nos estractos sociais, nunca poderá haver igualdade de remuneração, porque cada um contribui, também, de maneira diferente para os recursos do País. Contudo, por outro lado, todas as pessoas, desde que trabalhem, porque o podem fazer, têm direito a uma vida minimamente digna e, para isso tem que se criar um leque salarial que não seja esbanjador para uns e ofensivo para outros. Daí a criação do ordenado mínimo, aplicado aos privados para evitar essa ofensa. Quanto aos restantes salários da esfera privada creio que, não se poderá nem deverá intervir, apesar dos escandalosos vencimentos auferidos por muitos dos chamados supergestores. Aqui, o estado, com a progressividade dos impostos, resolve o problema. Na esfera pública é que eu acho se deveria, mesmo, criar um leque salarial com um chão e um tecto, fixos, onde os vencimentos do Presidente da República e do Primeiro-ministro, fossem esse tecto.

Não está certo que um gestor nomeado pelo governo para uma empresa do sector empresarial do estado, ganhe cinco, seis, oito ou dez vezes mais, do que quem exerce esses elevados cargos.

Esses gestores na esfera pública não podem ganhar isso. Se têm competência e querem ganhar mais dinheiro, dirijam-se à esfera privada e sejam empresários. Aí, poderão ganhar o que a sua capacidade lhes permitir. Ganhar o que ganham sem correr qualquer risco, nem passar noites sem dormir, é que não está bem e tem que acabar.

Ser gestor de uma empresa pública e obter, além do elevado salário, prémios escandalosos de desempenho, é no mínimo uma afronta para os que no quadro de pessoal da mesma empresa, ganham o ordenado mínimo, ou parecido. Depois nasce a revolta sindical e, será descabida?

Nestas empresas não se sofre a pressão da concorrência e, algumas há, que até são monopolistas. Depois, ainda se vê acontecer que, esses entronizados supergestores, de um momento para o outro, destroem as empresas, com gestões ruinosas, deixando a descoberto o erro da sua apregoada competência.

Há que acabar, definitivamente, com estas nomeações políticas e, dentro do tal leque que for estabelecido, sujeitar os lugares a concurso, com iguais oportunidades para todos. Os políticos têm que ser deputados, não gestores públicos. Este é mais um dos males do País que contribui para o estado em que está.

Mas voltemos aos vencimentos da classe política. Eu não me vou atrever a definir as várias letras desse leque, isso será da competência do Parlamento mas, arriscaria um tecto máximo e uma base mínima.

A base mínima seria o ordenado mínimo e o tecto máximo dez ordenados mínimos.

Na Administração Pública, todos os vencimentos, sem excepção, seriam processados dentro deste intervalo que, teriam no seu vértice superior, o Presidente da República. O Primeiro-ministro teria o mesmo vencimento ou levemente abaixo, digamos nove ordenados mínimos, dependendo do parecer mais competente que o meu, do conjunto da Assembleia da República.

Escolhi estes valores porque, Portugal, ao contrário de outros países não tem políticos ricos, alguns até são oriundos das classes trabalhadoras que, com todo o mérito, subiram a pulso a escala social mas, mesmo assim, ainda se disponibilizam para desempenhar cargos mal remunerados, não sendo sequer compensados pelo difícil caminho das suas vidas. E, escolhi, ainda, estes valores, porque se vê, certas personalidades competentes para desempenhar estas funções, as recusarem por se sentirem mal remunerados em relação ao que auferem lá fora. Esta será, ainda, uma forma de chamar os mais competentes, dando qualidade à governação e ao próprio sector público, aumentando simultaneamente a oferta para ocupar esse cargos e possibilitando as melhores escolhas.

No plano mais baixo, acho que deve ficar o ordenado mínimo estabelecido e abrangente para todos sem discriminação. Não seria visto com bons olhos que se estabelecesse uma desigualdade com vantagem para o sector público. Os funcionários públicos já usufruem de alguma regalias que os privados não têm e que, por isso, com aquele salário já ficarão mais bem pagos que os do domínio privado, desde que em igualdade de competências. Têm emprego vitalício, garantia de salário, assistência diferenciada na doença, em suma não passam por aqueles pesadelos que, constantemente, atingem os privados.

Com este novo quadro de vencimentos há um estatuto instituído que deve acabar para os servidores do estado e que é a acumulação de reformas.

Cada funcionário estatal, seja de que nível for, deve ficar sujeito à lei geral das reformas, com a mesma idade dos restantes, com os mesmos anos de serviço e sujeitos a um valor dependente das suas contribuições. Estas serão aglomeradas segundo os vários cargos ocupados e respectivos vencimentos auferidos durante a sua vida activa e, daí derivado o seu valor final.

Não acho justo que um cidadão a trabalhar na agricultura, como pedreiro ou metalúrgico se reforme aos 67 anos e um político ou funcionário do estado, com um trabalho físico muito mais suave se possa reformar muito mais cedo. Depois e ainda, um político quanto mais velho mais experiência e bom senso adquire, tornando-o, ao invés dos outros, mais capaz para o desempenho da sua função.

As reformas institucionais por cada cargo desempenhado, devem, portanto, acabar, fazendo parte de uma única conta-corrente de contribuições.

Assim se combate a desigualdade, neste aspecto da vida colectiva, com direitos e deveres iguais para todos. A desigualdade é muito mais vasta do que isto e tem muitas outras variadas causas mas, deve combater-se onde, em cada momento, pode ser combatida. Será mais um empurrão para a tão apregoada igualdade que, entre outras razões, dará mais coesão ao País e mais consideração pelos políticos, além de aumentar a consciência de que o País é de todos.

A procura da igualdade ou, mais realisticamente, de menor desigualdade, será mais um caminho para que...

JOSÉ MARTINS GAGO

PORTUGAL

Saia do clube

PIG-COUNTRY

A SEGURANÇA SOCIAL E A SUA SUS-TENTABILIDADE

Se há serviço público que mais atenção suscite das pessoas, de todas as pessoas, é a Segurança Social. Uma parte substancial da população tem na reforma o seu único rendimento e, consequentemente a sua subsistência.

Se com ela o seu nível de vida já é muito baixo, sem ela seria, ou será, a inevitável miséria.

É, portanto, uma das grandes preocupações de qualquer governo, a procura, a todo o custo, da sua sustentabilidade. E sustentabilidade é garantir às pessoas, a continuidade desse rendimento.

Não é tarefa fácil no nosso país e creio que, também, noutros como o nosso, onde uma população envelhecida depende do trabalho dos mais novos para conseguir o equilíbrio entre as receitas e despesas daquele organismo. Só que os mais novos, devido ao baixo rendimento das famílias, que não permite a criação e educação dos filhos, começam a escassear.

«Temos insuficiente população jovem para garantir a sobrevivência dos mais velhos» é o que se ouve, normalmente, nos debates televisivos, pronunciado por pessoas competentes e responsáveis. E eu não consigo entender bem este argumento, com uma economia que não absorve a mão-de-obra jovem. Para que queremos, então, mais população? Para gastar milhões em saúde e educação e depois incentivá-los a partir e vender a sua força de trabalho, lá fora, a quem nada investiu neles?

Estaremos, deste modo, a financiar os países ricos, nós que somos os mais pobres.

Se a economia absorvesse todos esses jovens, eu comungaria da mesma opinião mas, assim, não posso fazer sem cometer o mesmo erro.

Se queremos que isto mude, temos de começar a dar às famílias um rendimento que lhes permita sustentar os filhos e isto, pressupõe o crescimento da economia, para baixar os impostos e aumentar os salários. Com esse crescimento económico, a nova mão-de-obra será absorvida e utilizada na expansão do processo produtivo. Depois disto sim, a economia cresce, vamos dar-lhe mais mão-de-obra.

Criar, agora, mais mão-de-obra que a economia não pode absorver, é o caminho para um empobrecimento ainda maior porque vai aumentar os gastos do estado, sem contrapartida nas suas receitas. Tudo depende, portanto, da evolução do crescimento económico. Aí se devem concentrar todos os esforços para que seja atingida uma meta que altere a conjuntura actual e sustente, estruturalmente, outras, no futuro.

Isto depende do investimento, que já tratei noutro capítulo e, por isso, não vou continuar, aqui, com o mesmo tema.

Os gastos da Segurança Social, não são apenas as pensões, são outros e ainda, uma grande fatia destinada aos subsídios de desemprego. As pensões têm quantitativos, mais ou menos fixos mas, os subsídios de desemprego, não. Estes oscilam segundo o desempenho da economia, atingindo valores muito elevados em alturas de crise, como a que, agora, vivemos.

Os subsídios de desemprego não deviam ser concedidos pela Segurança Social. Os descontos feitos, quer pelas entidades patronais, quer pelos trabalhadores, deviam servir, apenas, para assegurar as reformas e outras despesas da Segurança Social. Todo o desempregado, que não terá culpa de o estar, além de receber o subsídio de desemprego, deixa ainda de contribuir para a Segurança Social. Logo, o subsídio de desemprego, devia ser compensado pelo orçamento.

Temos aqui, mais uma vez, que tudo depende do desempenho da economia. Se ela crescer e mantiver um nível aceitável de desemprego, já não digo que esteja no pleno emprego, o problema da Segurança Social, perderá muitas das suas fragilidades e simplificará a sua sustentabilidade. Mas temos de contar sempre com um conjunto de variáveis exógenas que a podem influenciar, como por exemplo:

- O sempre possível abrandamento da economia.

-As alterações demográficas: baixa da taxa de natalidade e aumento da esperança de vida.

-A emigração e a imigração. Etc

Eu penso que na Assistência Social, o vector mais importante são as pensões, embora os outros tenham também muita acuidade. Para sustentar as pensões que, como disse, são a parte mais premente da despesa da Segurança Social, por se destinarem a pessoas idosas que nada mais podem fazer que esperar a morte e, não o devem fazer na miséria, eu não vejo grande dificuldade em arranjar esses cerca de 15% do orçamento da Segurança social.

COMO EU ACHO QUE SE DEVEM SUS-
TENTAR AS REFORMAS

Se o orçamento de estado o permitisse, poderiam ser sustentadas com transferências dali, nos períodos críticos do seu equilíbrio, numa espécie de conta corrente que, seria compensada com outras transferências de sinal contrário, nos períodos com superavit.

Mas, o problema é precisamente este superavit nunca acontecer e os orçamentos viverem permanentemente de deficits. Logo, é uma hipótese que está fora de consideração; temos de ir por outro caminho e esse, é uma gestão criteriosa e segura dos activos financeiros do Instituto, no sentido da sua rentabilização máxima, de modo a que as mais-valias geradas ajudem o equilíbrio dos inputs e outputs na conta. Isto, sendo uma ajuda, será sempre pequena e insuficiente para permitir a sustentabilidade do pagamento das reformas, a que, cada vez, mais pensionistas reclamam o seu quinhão.

Temos, assim, que completar o quadro que permita uma sustentabilidade estrutural e essa, só se consegue jogando com a idade das reformas.

Eu não vejo outra saída, se alguém a tiver que não demore a aplicá-la, porque quanto mais cedo se solucionar este problema, melhor será para a continuidade do estado social. Segundo o meu ponto de vista, acho que deveria ser criado um sistema móvel para a idade das reformas em vez do sistema fixo que sempre se utilizou.

Os governos têm que criar adaptações à realidade e esta pode configurar-se de maneiras muito diferentes ao longo dos anos.

Os contribuintes, informados dessa possibilidade, compreendê-la-ão e verão aí um trabalho honesto e construtivo da parte do governo.

Será a economia e o estado das contas públicas a influenciar e a determinar a idade das reformas. Esta oscilará para mais ou para menos, segundo o desempenho daquelas. Dir-se-á que umas pessoas ficarão beneficiadas em relação a outras se, num período «rico» a sua idade baixar usufruindo do mesmo valor mas, sempre será preferível que alguns sejam beneficiados em vez de todos prejudicados. Será melhor que as pessoas recebam, seguramente, uma reforma aos 70 anos como regra do que ter um sistema colapsado que não tem reformas para ninguém.

Além de que, se não há população jovem nem sequer economia que a absorva, têm os velhos que trabalhar. Não vejo mal nenhum em que as pessoas que tenham condições físicas e psicológicas para trabalhar, o não façam. Têm mais experiência, serão mais úteis à sociedade e evitarão o tédio de nada fazer durante anos. Se a esperança de vida vai aumentando e já aumentou, nos últimos anos, cerca de seis, temos que ir adaptando o estado social a essa maior longevidade. Acima de tudo, temos de procurar a continuidade desse estado, porque sem ele, o Homem perde a sua dignidade.

Sobre o plafonamento, a ideia é tão absurda que nem merece uma apreciação e crítica.

Precisamos de um estado social, mesmo pobre, mas seguro para que, também aí, possamos deixar de ser

PORTUGAL

um

PIG-COUNTRY

AS PARCERIAS PÚBLICO/PRIVADAS

Oiço, continuamente, muitas vozes a insurgir-se contra as parcerias público/privadas e, parece-me que essa aversão será mais o fruto das más parcerias feitas por governos anteriores e que, na verdade, foram autênticas rapinas dos dinheiros públicos, do que de um conhecimento concreto do que são essas parcerias.

Muitas invenções, seja em que domínio for, podem ter um resultado e o seu contrário, dependendo do uso que delas se faz. E, estas parcerias não fogem à regra, podendo ter uma aplicação útil e honesta ou, desastrosa e desonesta.

O Capital, como se sabe, é a seiva do investimento. Sem ele, nada de novo se faz. Mas ele tem dois possuidores diferentes: se está nas mãos de quem quer investir, basta a esse investidor retirá-lo do banco; se não está na posse de quem quer e precisa investir, tem que servir-se do Capital alheio e vai ao banco pedir emprestado, quer seja para adquirir uma casa, um carro, uma mobília.

Com as parcerias público/privadas, passa-se rigorosamente o mesmo.

O estado precisa fazer uma barragem, destinada a produzir electricidade ou, até a vender a água para rega, mas não tem dinheiro para avançar com o projecto.

Já fez um plano económico para a exploração dessa barragem e sabe quanto vai receber com o seu funcionamento. Baseado nesses números, vai procurar um investidor que aceite as condições por si propostas e que dependem, ou devem depender, sempre, da rentabilidade do investimento. O estado não pode pagar mais do que recebe, porque aí começa o mau negócio.

O investidor, sem dúvida que quer receber o seu dinheiro mais os juros que ao capital competem como remuneração e, exigirá esse retorno na aceitação das condições vinculadas no contrato.

Da parte do estado deve estar gente capaz e honesta a negociar, dando ao investidor um lucro que ele aceite e que seja possibilitado pelas receitas do projecto mas, nada mais do que isso. Tudo o que for a mais passa a ser uma parceria

193

pouco pública e...muito privada. E, aqui está a razão da desconfiança de muita gente sobre este tipo de financiamento.

Tudo depende, portanto, em primeiro lugar do investimento a fazer pelo Estado: se for um investimento reprodutivo, auto amortizar-se-á sem chegar ao orçamento se, pelo contrário for um investimento não reprodutivo será um desastre se for feito, porque cairá sobre o orçamento (não tem outro sítio onde cair) e logo, sobre os contribuintes, desequilibrando o próprio orçamento.

No primeiro caso, é sempre de fazer pois, de outro modo, o País perde uma estrutura necessária ao seu desenvolvimento que, por sua vez, irá, posteriormente, ajudar a suportar, com a riqueza por si gerada, outros projectos.

No segundo caso, não se deve fazer, devendo o projecto esperar até que o estado esteja em condições de suportar financeiramente o custo do investimento e, mesmo assim, sempre para estruturas sociais indispensáveis e não para outras. O dinheiro saído do trabalho dos contribuintes deve, sempre, ser muito bem aplicado.

Mas há ainda outra condição a observar: é que os contratos sejam feitos, da parte do Estado, com um espírito honesto e por gente com capacidade técnica para não permitir falhas. Já sabemos que do lado do investidor privado, a motivação será sempre maximizar o lucro e que se serve dos melhores negociadores para o conseguir. Estes negociadores respondem directamente perante o investidor que os deixará sem emprego, caso falhem, enquanto da parte do Estado as sanções têm muito menores consequências. Aqui reside a razão dos maus negócios feitos.

Se tudo isto for feito horizontalmente, com um final equilibrado e dentro dos pressupostos que descrevi, devemos continuar a usar este meio de financiamento. Repito-me com mais um exemplo:

Um qualquer cidadão quer abrir um negócio, uma bomba de gasolina e não tem dinheiro para o fazer. Submete o projecto ao banco que o acha viável e lhe empresta o dinheiro. O banco, na sua análise, viu que a exploração do negócio permitirá, não só amortizar o capital emprestado como ainda, gerar algum lucro que pague o trabalho do empresário. Sem o dinheiro do banco, este empreendedor não teria aberto o seu negócio, que após a sua amortização criará um lucro apenas para si.

O mesmo acontece com o Estado. Ele tem de fazer investimentos que se paguem a si próprios durante um certo período, o chamado Break Even Point, e após essa meta servir-se-á das mais- valias geradas para aumentar a sua riqueza.

Por que assim é, se não se tem dinheiro próprio e não se aproveita o alheio, atrasamos o nosso desenvolvimento. Basta para isto, que os projectos sejam rentáveis e feitos honestamente pelos negociadores do Estado, por intermédio do Governo. Estes, é que têm de pôr mão nisto e evitar a corrupção.

Ao contrário, se os continuarmos a fazer, como aconteceu em governos anteriores, podemos ter a certeza de que nunca deixaremos de ser um...

PORTUGAL

PIG-COUNTRY

A VOLATILIDADE DO SISTEMA FISCAL

Os impostos são o combustível para o motor que alimenta o Estado. Sem impostos ou com impostos insuficientes, o seu funcionamento será posto em causa.

O Estado é uma máquina de gastar dinheiro. Nada faz sem o vil metal e, são tantas as solicitações que, raramente há dinheiro para pagar completamente o seu funcionamento.

Daí que os governos estejam, sempre, procurando novas ideias para sacar mais dinheiro dos contribuintes. E, quando estes pensam que, já nada mais, lhes podem tirar, ainda se descobrem mais uns buracos negros, onde só a máquina fiscal pode entrar para aumentar o espólio.

Eu não sei se os governantes sabem como o Estado deveria funcionar e que seria equilibrando as suas despesas com as receitas. Deviam saber até onde pode ir a fiscalidade, sem destruir a vida das famílias, que são, afinal, o suporte da sociedade. Se soubessem isso, saberiam também que, uma vez atingido esse limite de cobrança, esta só pode aumentar se a economia gerar mais riqueza. Sem este aumento, começa a tirar-se da sobrevivência daqueles que, sempre têm de pagar.

Se eu tenho um emprego que me dá um certo rendimento que não tapa as minhas despesas mínimas, só tenho três soluções: passo ao estado de indigência, tento arranjar um emprego melhor remunerado ou acumulo o emprego que tenho, com outro. A solução é ter de trabalhar mais.

Com o Estado tem de acontecer o mesmo. O dinheiro não chega, tem de criar as condições para que o aparelho produtivo possa produzir mais.

Aqui continua a estar o cerne da questão: tudo fazer para que o investimento não falte! Este não pode ficar para trás e, compete ao Estado, por acção do Governo, fazer este trabalho. Pode dar o impulso para este aumento da riqueza nacional quer, estimulando o empreendedorismo, quer fornecendo os meios de que as empresas precisam para crescer. E pode fazê-lo de duas maneiras, uma directa e outra indirecta.

No âmbito da primeira, legislando de modo a que as pessoas, que têm ideias, as possam pôr em prática o que pressupõe, menos dependências burocráticas e capital de risco a ceder pelos bancos do Estado. Sem dinheiro para investir, as boas ideias perdem-se, arrastando consigo as perdas do País.

Indirectamente, pode, também dar uma grande ajuda, baixando as colectas que asfixiam as empresas, impedindo-lhes uma acumulação mínima de capital que assegure o seu normal funcionamento. As empresas portuguesas estão todas falidas devido à pesada mão do fisco e à falta de capital. Não o têm, nem próprio, nem da banca. É preciso que o Governo exerça, enquanto não tem bancos próprios, o seu poder sobre a banca comercial, no sentido de não trocar o financiamento às empresas pelos empréstimos à habitação ou outros semelhantes de bens não transaccionáveis e, pior ainda à compra de dívida soberana de alguns estados.

Por isto, são absolutamente necessários os Bancos de Fomento.

Nós estamos num círculo vicioso; as despesas do Estado aumentam; para fazer face a este aumento, joga-se mão de outro, o dos impostos. Quanto mais impostos, menos actividade económica, logo menos consumo e menos colectas.

Nunca mais saímos disto! E porque os governos esquecem o fundamental: o investimento produtivo. Este nunca pode ser descurado e, muito menos esquecido, em nenhuma circunstância porque, é ele que vai aumentar a boca faminta do Estado!

O investimento mais não é do que capital e este, ou se vai buscar à poupança nativa ou à do estrangeiro. Dos naturais, que já não ganham para viver, pouco de pode esperar.

Dos estrangeiros, temos de saber cativá-los para que eles se afoitem a entregar-nos o seu dinheiro e isso, faz-se dando-lhes segurança e a certeza de que o seu capital fica em boas mãos e que, na altura certa, terão o seu retorno.

Sem esta confiança, ninguém virá emprestar-nos nada!

E, mesmo aqueles que querem investir directamente na nossa economia, se não estiverem certos das regras do jogo, também não arriscam.

Para evitar as ondas de desconfiança, que sempre surgem, qualquer decisão menos pensada ou, tomada com incompetência, tem que ser evitada. Os Governos têm que colocar o interesse do País acima de qualquer ideologia. Quem vai para ali, deve esquecer tudo o que for para além do Estado. O Governo não é uma base de ensaios. Tem 10 milhões de pessoas que não podem ficar para trás.

Há muitos casos, conhecidos, de que não vale a pena falar mais, referentes a más decisões governamentais que limitam a confiança no País e que afastam os investidores.

Mas, mesmo sem esses casos de circunstância, há regras que o Governo, ou os Governos devem observar que, não sendo tão agressivas como aquelas, são contudo, o suficiente para criar desconfiança.

Refiro-me à falta de previsibilidade das leis fiscais. Eu sei que a fiscalidade não pode ser estática ad eternum mas, também sei quanto afecta os investidores que escolheram o nosso País para investir. Quem chega a Portugal, e os que chegam devem ser bem recebidos por terem sempre muitas hipóteses de escolha e terem-nos preferido, e investe numa empresa, na compra de uma casa ou qualquer outro bem duradouro, certamente que faz o seu estudo económico, embora rudimentar que seja, equacionando os custos que terá de suportar.

De repente, vê-se a braços com um aumento de impostos, que pode ser substancial e, sente-se logo enganado. Até pode continuar com a sua actividade por aqui mas, se alguém lhe perguntar como são as coisas em Portugal, irá dizer, com certeza, que não é gente de confiança, que lá (aqui) nada é previsível.

Nestes tempos há muitos estrangeiros que, reformados, escolhem o nosso País para viver o resto dos seus dias, o que nós devemos agradecer porque, mais uma vez, podiam ter ido bater a outra ou, a outras portas, das muitas que há por aí.

Escolheram-nos porque algo lhes agradou em nós. E, sem esse sentir, ninguém vai deixar o seu País e partir para outro, com todos os trabalhos e inconvenientes que essa decisão acarreta. Escolheram de livre vontade porque nos acharam a melhor escolha. Muitos venderam as suas casas no País de origem e com esse dinheiro adquiriram, aqui, nova morada. São pensionistas e, devem viver com o equilíbrio dessa reforma. Fizeram as suas contas e a decisão era viável. Mas, pouco tempo depois vêm-se confrontados com um aumento do I.M.I. . Esse gasto acrescido, impediu outro de ser feito, diminuindo o seu nível de vida e desequilibrando as suas contas iniciais. Passou mais algum tempo que trouxe novo aumento.

Aí começa a incerteza do dinheiro que recebe para fazer face a todas as suas despesas. O malestar sente-se e transmite-se a outros, que, possivelmente já não seguem os passos destes que, por sua vez, podem também partir.

Os governos têm de considerar estes aspectos, aparentemente diminutos mas que moldam sentimentos.

As pessoas têm de saber com o que podem contar. Se, nós Portugueses, nunca sabemos, os outros podem não ter tanta paciência e estoicismo porque a guerra não é deles, é apenas nossa. Nós é que precisamos do seu dinheiro, eles o que nós temos, podem sempre comprar noutro sítio ou, até ficarem onde estavam.

Portugal precisa de todo o dinheiro externo possível e é muito mais barato para nós se ele entrar por compra de imobiliário, que já está construído, possivelmente desabitado e a degradar-se.

A um pequeno investidor, daqueles que dependem das suas reformas, que invista em Portugal devia garantir-se-lhe um determinado período de certeza fiscal, digamos cinco anos, para que, à partida, pudesse completar o seu orçamento sem correr o risco de a reforma ser insuficiente para assegurar a sua sobrevivência.

Com esta medida e outras de semelhante alcance noutros domínios, não tenho dúvidas de que Portugal ganharia muito mais credibilidade e, aliciaria, devido à confiança ganha por quem nos procura, muitos mais investidores. O que deixava de receber, por exemplo, em IMI ganharia, largamente, em IMT e até em IRS. E, seria mais um passo para deixar de ser...

PORTUGAL

um

PIG-COUNTRY

A A.S.A.E. – AGÊNCIA PARA A SEGU-RANÇA ALIMENTAR E ECONÓMICA

A ASAE é a Gestapo de Portugal. Movida por uma força destrutiva, serve-se de um poder que lhe foi, legalmente, concedido. É como aqueles cães que, à ordem do dono, agridem, mordem e matam.

Felizmente que, por enquanto, não suprime directamente a vida. Mas a vida não se destrói somente no plano directo. Uma pessoa, um cidadão que procura trabalhar honestamente e que o faz sem descanso, vê a sua empresa fechada, carregando nas suas, por vezes, frágeis costas, toda a responsabilidade inerente a uma firma, não morre de um tiro da ASAE mas pode morrer de uma corda que, por desespero, voluntariamente ata ao pescoço.

Mas, diga-se em abono da verdade, eu, pelo menos, não tenho conhecimento de que as pistolas que os agentes da ASAE usam na cintura, quais cow-boys, tivessem alguma vez feito tiro

205

directo. Contudo, elas estão ali, à mão, para serem accionadas e, outra coisa que eu não sei é, por que razão uma agência que devia ser de vigilância pacífica, anda armada?

Tenho pensado nisso e apenas vejo uma razão: os seus métodos são tão violentos e destituídos de bom senso que, qualquer dia, alguém perde a cabeça e inverte a agressão. E, nesse dia, quem terá pena e lamentará as mortes que possam acontecer?

Até podem acontecer injustamente, numa acção contra verdadeiros bandidos mas, mesmo aí, acho que ninguém em Portugal as lamentará. Foi esta aversão que a ASAE construiu ao longo dos anos e, sobretudo na contagem das inúmeras prepotências que usou em casos injustificados.

A ASAE não avisa, a ASAE não ensina, a ASAE não aconselha, a ASAE só reprime e destrói. E, casos há, porque eles têm vindo a lume, que não justificam a dureza da sua prepotente actuação. É preciso saber medir as razões, olhá-las, caso a caso e dar a cada um a sua dimensão própria, equacionando qual o grau de dolo do infractor. Muitos serão condenados por desconhecimento, outros por falta de preparação. E estes, têm que ser diferenciados daqueles em que há malvadez, oportunismo e desprezo pelos outros, sobretudo na saúde.

Há de tudo e a ASAE tem de saber isso mesmo. Cada caso é um caso, não podem ser todos medidos pela bitola mais punitiva. Isso não é sinal de grandeza de espírito nem de maior profissionalismo, é sim, o indício de um espírito vaidoso e egocêntrico que utiliza o poder que tem como se o tivesse recebido por direito divino.

Esses agentes não deviam estar ali, deviam estar do outro lado a provar das mesmas iguarias que servem para, desse modo, aprenderem que os seres humanos não são todos como eles.

Foquei, neste trabalho, a ASAE, porque há nos média, notícias que chocam, que ferem fundo a sensibilidade daqueles, entre os quais me incluo, que são já o menor número mas que resistem ainda à transformação do Homem, para pior, para fora da esfera dos sentimentos humanos, mas outros organismos terão nos seus quadros e nas suas normas, um comportamento idêntico.

Não vou falar deles, apenas quero que o paradigma que escolhi, seja um aviso a todos para que, mudem o seu comportamento e aprendam a respeitar mais aqueles que, em relação a eles, são mais fracos. Também quero chamar a atenção para os legisladores e para os governos que ajudem a alterar este estado de coisas, que não dignificam uma sociedade e, muito menos ainda quem, num momento a dirige e chefia.

Este é mais um organismo que faz, de

PORTUGAL

PIG-COUNTRY

Portugal – Pig Country

PARTE V

A POLÍTICA

JOSÉ MARTINS GAGO

A POLÍTICA – Sua Evolução

Todas as ciências têm apressado, nos últimos anos, a sua evolução.

Por que razão, a Política é uma excepção?

Será que a Política, ao contrário do que se ouve, ainda não é uma ciência? Ou, sendo uma ciência, evoluindo, o faz de modo inverso das restantes? Será ainda uma ciência de que só os políticos conseguem entender e interpretar o seu funcionamento? Mas, se assim é, quem julga os seus resultados? Os mesmos políticos?

Se olharmos para a Medicina, apesar de a maioria de nós não a conhecer, conseguimos, apesar disso, ver o resultado da sua evolução, dos variadíssimos benefícios de que usufruímos, quer no aumento da esperança de vida, na erradicação de doenças tradicionais, na luta constante e vitórias, contra as novas pragas, nos verdadeiros milagres da genética, quer em quase todos ou, mesmo todos os domínios em que está presente. Nós confiamos nela e sentimo-nos protegidos pela sua acção.

Se olharmos para a Física, para a Química, e outras ciências experimentais, podemos, igualmente, ver e sentir as suas descobertas constantes e os benefícios que daí resultam e que servem para nos dar outra qualidade de vida.

Até mesmo nas ciências Sociais se nota uma verdadeira revolução. A Psicologia, a Demografia, a História e, até a recente Economia, se vêem avançar no sentido de interpretar os seus, até há pouco, ainda desconhecidos problemas levantados pelo seu funcionamento.

A Economia é uma ciência recente, que está ainda a lutar pela sua emancipação mas, a Política existe desde o Neolítico quando o Homem deixou de ser colector e caçador e se tornou gregário e social e, sentiu a necessidade de criar chefias para os clãs.

Foi cultivada na Grécia Antiga e definida, entre outros, por Aristóteles em 330 A.C.

Se a Política não cresce, o facto não se deve à sua pouca idade. Então por que será?

Para mim, a explicação é que, quando uma ciência se emancipa, cria os seus próprios axiomas e postulados e, são estes que conduzem o Homem na sua interpretação.

O Homem que segue Medicina, sem perder a sua individualidade, o seu carácter, a sua personalidade, deixa-se conduzir por aqueles, procurando, sempre, honrá-los e servi-los o melhor que sabe e pode. O Homem, aqui, perde muito da sua liberdade e da dispersão dos seus comportamentos. A Ciência rouba-lhe uma parte de si e, essa parte roubada é a sua pior parte.

Um médico, por muito inumano que possa ser, só não salva um doente porque não pode, jamais porque não queira. Pode errar, ou não saber, mas o seu querer é ganhar uma vida. Ele escolheu e cursou medicina, para isso mesmo, para salvar vidas.

E Salvar vidas é uma ocupação para a vida inteira. A aprendizagem é constante e interminável, porque só o conhecimento faz avançar a ciência.

O mesmo acontece, como disse, com outras ciências. Vidas inteiras, gastas num estudo que leva a descobertas, que tratam, muitas vezes, apenas os outros.

Na Política não se vê isto. Muita ideologia, mas pouco esforço pessoal para chegar mais além.

Muita imposição e pouca formação.

A Política não é, ainda, uma ciência e, só isso explica a fraca, cada vez mais fraca, prestação dos seus agentes activos. A Política precisa de Universidade, precisa de formação, precisa de princípios orientadores, precisa de regras, precisa de leis, precisa de normas, que dêem ao futuro político um enquadramento social que, mostre aos seus praticantes a grandeza do caminho que escolheram.

Só a Universidade ajudará a emancipar a Política, dando-lhe a teorização de que precisa.

O político actual não tem estradas por onde caminhar, não tem uma capa para se abrigar, não sabe, sequer, procurar um abrigo.

A Política tem, portanto, de tornar-se uma verdadeira ciência, deixar a filosofia desenraizada onde se move e criar a ruptura epistemológica que a transforme numa indispensável e verdadeira ciência, com alicerces fortes, que dê ao mundo, os políticos de que o mundo precisa.

Na falta desta formação superior, qualquer um, como se vê, é político. Ali cabem os oportunistas, os charlatães, os devassos, os destemperados, os paranóicos, os loucos e até os bem-intencionados a quem falta a preparação.

As sociedades estão sujeitas a ser lideradas por esta gente. Se tomam o poder em Ditadura, não nos faltam, por aí, exemplos do que acontece. Se o tomam em Democracia e, embora a respeitem, as suas ideias incompletas ou anacronicamente derivadas, são mais, um malefício do que um benefício para os governados.

Seria injusto se tomasse Juno pela Nuvem e dissesse que todos os homens políticos são incompetentes, desonestos ou oportunistas. Não é isso que quero dizer e, portanto, vou explicar-me melhor. O que eu, verdadeiramente, pretendo transmitir é a ideia de que mesmo essas pessoas que têm boa formação moral e pessoal e desempenham melhor a função política, seriam, certamente, muito melhores se a sua formação específica fosse política vinda de uma verdadeira ciência.

Os políticos actuais, sendo oriundos de todas as escolas vêm, contudo, na sua maior parte das escolas de Direito e Economia. Mas um jurista sabe de Direito e um economista sabe de Economia. Serão ambas, porventura, importantes numa formação política mas, não são a verdadeira Ciência Política. O cartão-de-visita de cada um diz isso mesmo: «sou Jurista ou, sou Economista.»

A formação política tem de ser muito mais ampla e, sobretudo, dar ao político a consciência dessa amplitude. Os cursos de Ciência Política existentes, actualmente, nas Universidades, estudam todos os campos onde a política se movimenta: governos, sistemas políticos, relações internacionais, direito nacional e internacional, processos legislativos etc, etc, numa direcção objectiva onde a sua utilidade é apenas de interpretação dos fenómenos políticos.

Quer isto dizer que a Política anda à frente e o político segue atrás, quando devia acontecer, precisamente, o contrário. O político é que devia arrastar a política como uma manifestação pessoal.

A Política, como ciência actual, dá apenas este contributo e, ao interpretar todos estes campos, não forma políticos. É esta a sua grande lacuna! A Política deve servir as pessoas e o político deve ser o seu agente, sem desvios. Mas, neste momento ainda não tem essa preparação que, deve ser racional e, ao mesmo tempo reserva moral.

Se a Ciência Política, realmente, existe, ela deve ter esquecido uma parte fundamental da sua doutrina. Analisa tudo o que pode ser político mas, apenas como outsider daquilo que devia ser o essencial: o sentimento político.

Na política, como noutros ramos do conhecimento, tudo, afinal, depende do Homem. E este, tanto pode ser um Hobbes, um Rosseau, um Marx, um Maquiavel ou um Hitler, cada um fazendo a sua política sem observar um paradigma comum, que seria o âmago da própria ciência e que a política ainda não tem.

A Ciência Política estuda, por exemplo, o estado e a sua relação com os cidadãos mas, fá-lo numa superficial realidade política, esquecendo o agente político de que tudo, afinal, depende. As licenciaturas actuais, em Ciência Política, versam as inúmeras componentes sociais, como teoria política, administração pública, sistemas políticos autónomos ou comparados, etc, mas não formam o carácter daquele agente político que é o homem individual.

Os políticos do nosso tempo, mesmo os já formados nesta Ciência Política nas várias Universidades, sabem tudo de organização política do País e até de países externos, como essa ou estas orgânicas funcionam mas, quando depois é preciso articular e gerir esse conjunto de forças, algumas opostas, falta-lhes a preparação para o fazer. E essa preparação mais não é do que a ausência do respeito pelos outros, as pessoas que sofrem a sua acção governativa.

E, toda a acção governativa é demasiado séria

para ficar entregue em mentes pouco humanizadas. Elas inter-agem com populações inteiras,
cuja vida depende da governação do País.

Eles olham as instituições e tudo o que sabem é
para lidar com elas como realidades imateriais
e impessoais. Os políticos não são capazes de
transformar essas instituições em conjuntos de
pessoas iguais a si próprios e que merecem a
mesma dedicação, o mesmo respeito do que de
melhor o seu carácter devia criar.

É isto que falta à Ciência Política e sem o que,
essa ciência não deve ser encarada como tal.
Uma ciência tem que ter essa componente in-
tersocial e a política ainda a não tem. Se a tivesse não assistiríamos à fragmentação de práticas e ideias aplicadas à revelia daqueles indispensáveis princípios.

Só quando os políticos pensarem e agirem desta
forma, em prol dos seus semelhantes, a política
será credível, atingindo, então, o seu lugar no
Panteão das verdadeiras ciências.

Desconheço se em alguma ou algumas universidades, os cursos de Ciência Política contem-
porâneos, já incluem esta função humanista.
Possivelmente sim mas, o que vemos na prática, tanto nos velhos políticos como nos mais
novos, é a continuidade da sua ausência.

Não é fácil moldar o carácter de um ser humano mas, também não é impossível e, se não se tentar é que nunca se conseguirá.

Neste processo, é certo, que também não podemos esquecer nem menosprezar, a influência que os políticos mais velhos exercem sobre os mais novos nos aparelhos partidários de onde saem os políticos dirigentes. Conhece-se o domínio que os veteranos impõem em algumas dessas estruturas partidárias onde, só se consegue subir defendendo a inalterável ideologia do partido. Enquanto os partidos se sobrepuserem à universidade, a prática nunca mudará. Aqui reside a razão para os políticos que temos: muita política sem formação.

A Política como lhe chamou Aristóteles «é a Ciência Maior». Ele tinha toda a razão, só errou em chamar Ciência a algo que ainda não era e que, hoje, passados, mais de 2.000 anos, ainda não é. Mas ele, certamente, referia-se mais à sua importância do que à sua eficácia. E aí temos de estar de acordo com o seu pensamento que, se já, então era válido, agora além de válido é imprescindível para conduzir o mundo, um mundo que cresce todos os dias, que diverge a cada época e que, sem equilíbrio acabará por soçobrar.

Cada vez as sociedades humanas mais se entrechocam nos seus limites internos, como também com outras sociedades externas, tornando crucial o papel da política conduzida por políticos capazes na obtenção e manutenção desses equilíbrios.

Os governados têm sempre os olhos postos nos seus governantes, o seu exemplo, a sua competência, a sua dedicação, o seu bom senso, a sua humildade, podem aglutinar uma Nação e, se todas as nações tiverem chefes assim, será mais fácil o diálogo e a compreensão. O mundo negociará em vez de guerrear e, mesmo que tenha, ainda, de guerrear, fá-lo-á depois de uma tentativa sã de negociação e, nunca antes.

O político tem de ser o mais perfeito dos homens e, para isso, precisa de uma ciência que o molde nesse sentido. Se é incontestável que o político pode influenciar a ciência, será, contudo, ainda mais credível o princípio contrário, de ser a ciência a influenciar o Homem, transformando-o, neste caso concreto, num bom e competente político.

Há que, para isso, alterar o ensino da política. Este tem de sair, das juventudes partidárias e dos partidos, para a as universidades que, por sua vez devem moldar o Homem em vez de lhe ensinarem apenas organização política. As Universidades devem criar uma verdadeira Ciência Política para que, futuramente, se veja nos seus anúncios de captação de alunos algo diferente do que se vê agora:

«O curso de Ciência Política tem estas... e aquelas...saídas.»

Para:

«Aqui, formamos o Homem político, faça parte da verdadeira elite humana.»

Desta formação, sairá, com certeza, a maior ajuda para que

PORTUGAL

Deixe de ser

Um

PIG-COUNTRY

FINAL

Cheguei ao fim deste trabalho. Não tem um conteúdo exaustivo, da razão ou das razões que me levaram a escrevê-lo. São, muitas, inúmeras, as alterações a fazer no nosso País para que, finalmente, entre na senda do desenvolvimento e, não poderão ser todas corrigidas num único tempo.

Levará muitos tempos para se conseguir lá chegar!

Mas é preciso fazê-lo e, devemos começar por aquilo que deve ser mais imediato. Devido à situação que enfrentamos, não poderemos fazer tudo de repente. Uma pequena parte, de cada vez, se o conseguíssemos, já seria muito bom e, justificaria o trabalho que um livro dá a escrever e o desgaste que provoca ao pensá-lo.

A maior parte das vezes, estes desabafos não têm qualquer valor e perdem-se na indiferença dos responsáveis pelas mudanças. São vozes demasiado fracas para chegar a mentes privilegiadas e detentoras da verdade absoluta. Qual o político que a não domina, qual o político que a troca por outra, alheia às suas convicções?

Se assim não fosse e os políticos detentores do poder abdicassem das suas certezas, não teríamos o País que temos, talvez, injustificadamente.

Mas hoje, tal como ontem, a nossa situação mantêm-se, periclitante, insegura, sem um caminho ou, uma estrela que nos conduza nos horizontes. Será este o nosso fado e por mais voltas que dermos, não conseguiremos ultrapassar este estado de depressão e carência? É possível, há coisas que nós, humanos, não entendemos e, por isso, não somos capazes de as explicar.

Eu, não sou fatalista e, para mim, o nosso fado chama-se política e não vem do princípio dos tempos. Vem do 25 de Abril de 1974, o dia que nos trouxe a liberdade e, por não termos pedido mais nada, só esta nos foi concedida.

Agora temo-la e não a sabemos usar para conquistar o resto, o que nos esquecemos de pedir e que não nos está a ser facultado gratuitamente. Mais uma vez, teremos de obter o que nos falta, lutando…já não vai ser a pedir a alguns, temos que ser todos, juntos, para conquistar essa parte, ainda ausente. E temos de o fazer com esforço, com determinação e com lucidez.

Precisamos de unidade para ganhar a força que nos dê a recompensa do discernimento.

A política divide-nos e, um povo dividido é fraco e facilmente subjugado.

Para alterarmos este estado de coisas, temos que ultrapassar a política, silenciar as ideologias e aglutinar-nos como povo.

Não podemos seguir os políticos, eles não pensam em nós, vivem narcisisticamente para si próprios, para as ideias que querem implantar, para as suas vitórias eleitorais e para os benefícios da governação.

Veja-se o caso da formação do último governo; alguém abdica da sua doutrina parcial em favor do todo, o POVO? Nem pensar!

Só o seu eleitorado conta, porque é esse que lhe permite a sobrevivência política.

Esta diversidade de ideias políticas, justificando e completando a Democracia, enfraquece-nos como povo, coloca-nos uns contra os outros e impede-nos de lutar. Elas, as ideias, dividem-nos para reinar. Somos as suas cobaias, seguindo para onde nos ordenam, submissos, ou quase, sem motivação para ganharmos a nossa independência, dos partidos.

Eles são os nossos donos. Votamos para lhes dar o poder e, depois, voltamos ao limbo do esquecimento, até á próxima vez.

Entretanto, exercem o seu domínio absoluto e nós ficámos sem voz. A voz dos nossos(?) representantes nos areópagos, deixa de ser a nossa. Nesta coutada eles representam os caçadores e nós as perdizes mas, perdizes que ficaram sem asas para voar. Somos depenados pelos tiros certeiros dos caçadores.

Precisamos de uma mudança e esta tem de ser comandada por nós, povo anónimo, com a única arma que temos e que se a soubermos usar, será a mais poderosa de todas, o VOTO!

Temos de aprender a votar e, para isso temos de usar o voto de duas maneiras diferentes, pela positiva e pela negativa. Pela negativa, deixando de votar quando os partidos forem além ou ficarem aquém do respeito que merecemos e, pela positiva, votando naquele ou naqueles que saibam interpretar a realidade do mundo e que dentro dessa realidade, melhor defendam os interesses de nós todos, sem esquecer a sua dignidade.

Temos de aprender o que é o populismo, aquela retórica que diz sempre o que queremos ouvir, a banha da cobra, que despreza a realidade interna e externa e nos vende um mundo falso e irreal.

Em Democracia o poder é nosso, só temos de saber usá-lo.

E, para isso, como atrás disse, não podemos continuar divididos pelas ideologias dos outros que nos dominam. Temos de usar ideias próprias e que sirvam para todos os que não têm voz, o POVO!

Temos que reganhar o nosso domínio sobre os partidos. Temos que lhes ensinar que não podemos, devido à sua acção, continuar a ser um

PIG-COUNTRY

E que, a nossa ideologia é

PORTUGAL

JOSÉ MARTINS GAGO

www.ingramcontent.com/pod-product-compliance
Lightning Source LLC
Chambersburg PA
CBHW071340280526
45787CB00001B/154